Die schönsten Passivhäuser · Barbara Sternthal | Harald Eisenberger

DIE SCHÖNSTEN PASSIVHÄUSER

Wie Sie behaglich wohnen
und dabei auch noch Energie sparen

Barbara Sternthal | Harald Eisenberger

Brandstätter

INHALT

KARDINALE GELEGENHEITEN

ODER: »BE THE CHANGE YOU WISH TO SEE IN THE WORLD«

Im Prinzip gibt es heute überhaupt keinen Grund mehr, konventionell zu bauen: Passivhäuser sind mittlerweile technisch so ausgereift, dass die Architektur freie Hand bekommen hat. Höchste Zeit also, dass mit der Schauermär, Passivhaus sei zwar gut für die Umwelt, aber gar nicht gut fürs subjektive Wohlbefinden, ein für alle Mal aufgeräumt wird.

Durchaus möglich, dass eine Facette des Problems darin begründet liegt, dass Wolfgang Feist, der »Vater des Passivhauses«, der seit zwanzig Jahren im ersten, damals von ihm selbst geplanten Passivhaus in Darmstadt lebt, Physiker ist. So bekommt jemand, der beginnt, sich für Passivhäuser zu interessieren, aber mit Begriffen wie »Blower Door Test«, Heizwärmebedarf, Primärenergiebedarf oder – schon überhaupt! – Drucktestluftwechsel und den jeweils dazugehörigen Zahlen wenig bis gar nichts anzufangen weiß, schnell kalte Füße. Denn seien wir einmal ehrlich: Was wollen wir, wenn es ums Wohnen geht? Ganz sicher keinen Crash-Kurs in Bauphysik und Baubiologie. Ästhetisch ansprechend soll es sein (bekanntlich eine äußerst subjektive Angelegenheit), behaglich, komfortabel. Die vier Wände, die uns umgeben und innerhalb derer wir viel Zeit unseres Daseins verbringen, sollten uns möglichst glücklich machen und Geborgenheit vermitteln. Die einzigen Zahlen, die letzten Endes wirklich interessant sind, sind jene, wie groß das Zuhause ist und was es kostet.

Dazu kommt, dass viele immer noch die Hände über dem Kopf zusammenschlagen, wenn das Thema Passivhaus aufs Tapet kommt. Unweigerlich assoziieren sie mit diesem Begriff halb in die Erde eingegrabene Häuser mit kleinen Fenstern, die man nicht öffnen darf. Filzpatschen und Latzhosen eben. Umweltverträglich, aber scheußlich anzusehen und der Wohlfühlfaktor – zumal für Ästheten – gleich null. Bestenfalls verbinden die technisch und architektonisch etwas Versierteren mit Passivhaus noch die Vollverglasung an der Südseite und das Pultdach, das, den Schöpfen der »Leningrad Cowboys« nicht unähnlich, weit über die Fassade hinaus in die Landschaft ragt.

Lange Rede, kurzer Sinn: Die Meinungen sind zum Teil immer noch erbarmungswürdig schlecht. Und sie sind grund-

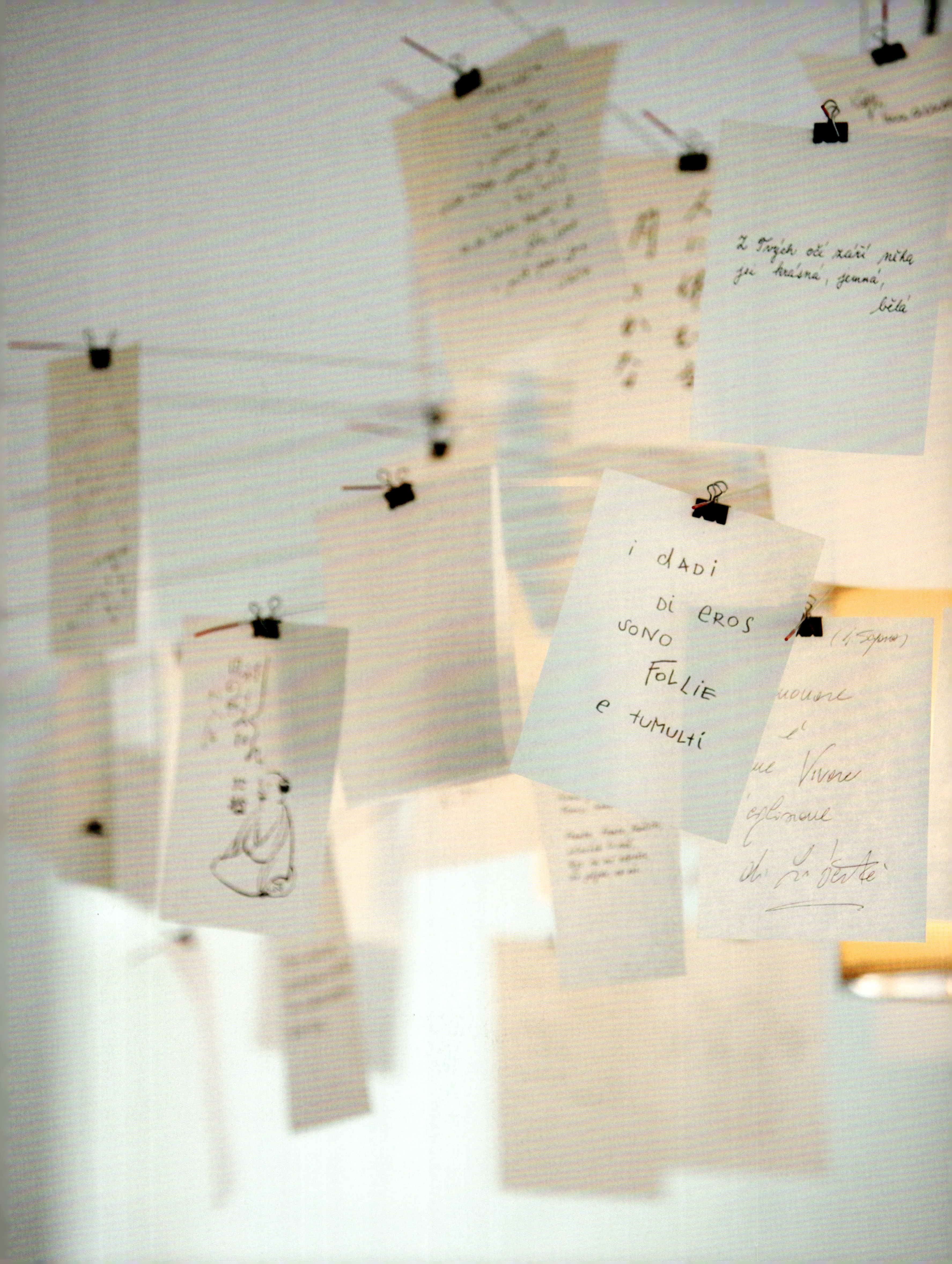
Z Tvých očí září níka
jež krásná, jemná,
bílá
i dadi
di eros
sono
follie
e tumulti

falsch. Vor Jahren bereits hat der Vorarlberger Architekt Much Untertrifaller in einem Interview gefordert, »ökologisches Bauen sollte schon längst eine Selbstverständlichkeit geworden sein«, aber vor allem: »Nicht jedes Haus muss lautstark schreien: Hallo, ich bin grün! Je weniger man die Ökologie einem Haus ansieht, desto gelungener.« Ein kategorischer Imperativ hinsichtlich einer zeitgemäßen Bauästhetik, der längst in die Wirklichkeit umgesetzt worden ist. Niemand, der sich heute bewusst mit unserer stark beschädigten Umwelt auseinandersetzt und dem am grünen Tisch ausgehandelten Lippenbekenntnis namens »Kyoto-Protokoll« mit weitgehender klimaschützender Selbstverantwortlichkeit begegnen will, muss deshalb schmerzhafte ästhetische Kompromisse eingehen und auf ein ansprechendes Ambiente verzichten. Im einundzwanzigsten Jahrhundert muss niemand mehr, um ökologisch nachhaltig zu wohnen, in die Tonne des Diogenes ziehen und auf alles verzichten, was das Wohnen behaglich und bequem macht. Passivhäuser sehen längst nicht mehr nach Bioladen aus, sondern sind abwechslungsreich und architektonisch spannend.

Den Beweis dafür bringen die in diesem Buch vorgestellten Bauten. Da gibt es Häuser am Hang, die scheinbar aus diesem herauswachsen, andere, die sich bescheiden und unaufgeregt freundlich in eine kleine Gartensiedlung fügen und erst, wenn man das Interieur sieht, ihren Witz und die Stilsicherheit ihrer Bewohner offenbaren. Es gibt Bauten, die den Heustadeln in ihrer ländlichen Umgebung ähnlich sehen und sich doch, bei genauerem Hinschauen, dank der verwendeten Materialien und ihrer Dimensionen als kleine Juwele der Baukunst (und des Engagements ihrer Besitzer) entpuppen. Und es gibt Bauten, die tatsächlich ehrwürdig und alt sind, deren Innenleben jedoch ein astreines Passivhaus ist. Denn auch Renovieren von Altbestand hin zu Passivhausstandard ist ohne Weiteres möglich. Und um mit einer weiteren Mär gleich von vornherein aufzuräumen: In einem Passivhaus darf man Fenster aufmachen, einen Kachelofen einheizen und eine Sauna haben. Auch dafür bieten die folgenden Seiten zahlreiche Beispiele, wie dahingehende Wünsche einzelner Bauherren gelöst wurden.

Ist ein Passivhaus also eine Architektur des Glücks? Ist es die Möglichkeit, das zu erreichen, was Alain de Botton »die Kunst, daheim zu Hause zu sein« nannte? Einfach deshalb, weil man sich ein nach persönlichen Vorstellungen maßgeschneidertes Zuhause schafft und gleichzeitig energieeffizient (also auch kostenreduziert) sowie wenig belastend für die Umwelt und das Klima wohnt? Ein Passivhaus, auch das zeigt dieses Buch da und dort, ist durchaus auch in der Lage, »seine« Menschen in mancherlei Hinsicht zu verändern. Der hohe Grad an bewusstem Umgehen mit den Ressourcen ist keine Garantie für ständigen Frohsinn und durchgehende Zufriedenheit, und doch: Das Wissen, selbst bis zu einem gewissen Maß an dieser Veränderung teilzuhaben, die man sich von dieser Welt wünscht, kann Entwicklungen hin zu einem höheren Grad an Sensibilität, an bewusstem Leben auslösen. Doch das sind Fragen, mit denen sich die junge Wissenschaft der Wohnpsychologie auseinandersetzt – und dann und wann auch sensible Architekten. Davon ist in diesem Buch ebenfalls die Rede.

Die intensivste Entwicklung, die das Passivhaus seit seiner glücklichen Geburt auf Wolfgang Feists Rechenschieber durchgemacht hat, ist wohl jene, dass auf die Philosophie der Ingenieure schließlich doch wieder die Kreativität der Architekten folgte. Jeglicher technischer Konformitätszwang ist graue Vergangenheit. Das Nützliche, das Sinnvolle, das Nachhaltige ist schön geworden und so flexibel, dass das Passivhaus, gegenüber einem konventionellen Gebäude immer noch eine Außergewöhnlichkeit, eigentlich zum Standard werden sollte. Denn die Prämisse, um die wir im einundzwanzigsten Jahrhundert nicht mehr herumkommen, ist, eine dem Menschen zuträgliche Lebensqualität auf unserem Planeten auch für die kommenden Generationen zu garantieren. Ein Passivhaus zu bauen, zählt zu jenen kardinalen Gelegenheiten, dies auch zu erreichen.

PASSIVHAUS KINDERLEICHT

Da das Nachbarhaus an der südlichen Grundstücksgrenze steht, musste die Architektin bei ihrem eigenen Passivhaus improvisieren: Seine Gartenfront ist nicht Richtung Süden, sondern Richtung Osten gewandt, die Front zur wenig befahrenen Straße Richtung Westen. Entsprechend dieser Notwendigkeit wurden die Räume organisiert. Die Küche, wo sich die Familie auch zum Frühstück trifft, liegt an der Terrassenseite zum Garten, die Nachmittagssonne kann ungehindert in den Wohnbereich strömen. Die Zimmer der Kinder im Obergeschoss, die nachmittags oben spielen und ihre Schulaufgaben machen, liegen ebenfalls Richtung Westen, das Schlafzimmer der Eltern Richtung Osten.

Ein Passivhaus sollte die Fensterfront südlich ausgerichtet haben. Muss es aber nicht. Dass, wenn notwendig, auch ein Kompromiss funktioniert und der sogar noch eine Sauna verträgt, das hat Martina Feirer aus dem Team von aap.architekten mit ihrem eigenen Haus bewiesen. Und damit die nächste Generation beim Begriff »Passivhaus« nicht mehr verständnislos den Kopf schüttelt, hat sie gemeinsam mit einer Kollegin ein Kinderbuch darüber geschrieben.

Als Martina Feirer an der Technischen Universität Wien Architektur studierte, waren ökologische Überlegungen, geschweige denn energieoptimiertes Bauen keine Themen. Damals hieß das Zauberwort, für das man schon einmal vor dem Seminarsaal campierte, um einen Platz zu bekommen, CAD – ein Computerprogramm, mit dem man dreidimensionale Entwürfe und Baupläne zeichnen kann. Bauphysik dagegen war ein Fach, das man mit möglichst wenig Aufwand hinter sich brachte. Geändert hat sich all das auch für Martina Feirer erst viel später. Es war Alexandra Frankel, ihre Kollegin bei aap.architekten, die einen Ausflug nach Vorarlberg gemacht hatte und mit begeisterten Berichten nach Wien zurückkehrte: Was Frankel gesehen hatte, waren kompakte Baukörper in klarer Formensprache und die hatten es hinsichtlich Nachhaltigkeit und Ökologie in sich. Es folgten ein »klima:aktiv«-Kurs am WIFI, der die ersten Basiskenntnisse vermittelte, und intensive weitere Studien, die Martina Feirer schließlich davon überzeugten, dass dem Passivhaus die Zukunft gehören werde. Und von »Holzschachteln« war bald keine Rede mehr, denn proportional zum Wissen um die technischen und bauphysikalischen Möglichkeiten stieg das ästhetische Freispielen, entwickelte sich der architektonische und optische Facettenreichtum.

Martina Feirer und ihre Familie – ihr Mann und die beiden Söhne – lebten zu dieser Zeit noch in Wien, in einer Genossenschaftswohnung: schlecht gedämmt, viele Wärmebrücken, im Winter eiskalte Füße, im Sommer fast unerträgliche Hitze. Zum Glück, könnte man sagen, wurde die Wohnung zu klein und das Nachdenken über die Veränderung der Wohnsituation begann: einen Dachboden nach Passivhausstandard ausbauen? Verlockende Idee, absolut machbar, aber erstens teuer und zweitens durch die neuen Statikverordnungen eine überaus aufwendige Sache. Ein Einfamilienhaus auf die grüne Wiese zu stellen, kam für die Architektin und ihren Mann nicht infrage: Ständig mit dem Auto pendeln, die Kinder täglich mit dem Auto in die Schule bringen müssen, dem Verhütteln Vorschub leisten – all das widersprach den Prämissen der Nachhaltigkeit, wie Martina Feirer sie versteht. Das Beste aus beiden Welten – urban und dennoch grün – ergab sich fast zufällig mit der brachliegenden Nachbarparzelle beim Haus ihrer Schwester in Wiener Neustadt.

Dieses Grundstück hat allerdings den Nachteil, dass das Nachbargebäude an seiner Südgrenze steht, weshalb der Baukörper – ungewöhnlich für ein Passivhaus – in östliche und westliche Richtung orientiert ist. Die Nordfassade des Hauses ist mit anthrazitgrauen Faserzementplatten bis auf die zwei kleinen, fix verglasten Fenster des Stiegenhauses verschlossen. Um die Baulinie mit dem Nachbarhaus einzuhalten und dennoch eine einfache Fassade zu umgehen, hat sich Martina Feirer eine attraktive Lösung einfallen lassen: Wie ein Bügel umschließen Seitenfassaden und Dach die leicht nach hinten geschobene straßenseitige Fassade des Hauses, die zwischen Erdgeschoss und Obergeschoss außerdem durch einen Balkon unterbrochen ist, dessen Vorderkante wiederum mit dem Bügel schließt. So ergeben sich Nischen – oben als Balkon, unten als vor Wind und Wetter geschützter Eingangsbereich. Und optisch abwechslungsreich ist diese Konstruktion außerdem.

Die Klarheit der Gebäudestruktur spiegelt sich im Interieur, wo die Architektin auf jede Form von überflüssiger Dekoration verzichtet hat. Es sind die architektonischen Details, die den Charme dieses Hauses ausmachen – zum Beispiel die schmale Tür neben dem Küchenblock, durch die man geradewegs zu den Hochbeeten mit dem selbst angebauten Gemüse und den Kräutern gelangt.

Faserzementplatten schützen die äußere Hülle. Holz wurde für die Fassade nur in den witterungsgeschützten Nischen verwendet. Der hervorkragende Bügel, der diese Nischen und damit auch die Balkone des Obergeschosses möglich macht, kam sowohl auf der West- als auch auf der Ostseite zum Einsatz.

Das Ganze wiederholt sich auf der im Osten liegenden Gartenseite, wo Balkone das Badezimmer und das Schlafzimmer der Eltern ins Freie erweitern. Darunter liegt die Gartenterrasse vor der Wohnküche, die so ebenfalls geschützt und im Sommer schön schattig ist. Verkleidet sind die West- und die Ostfassade kontrastierend zum Grau der Zementfaserplatten mit unbehandeltem Lärchenholz.

Die Ost-West-Ausrichtung des Baukörpers spiegelt sich auch in der Aufteilung des Grundrisses im Erdgeschoss, wo sich der offene Wohnbereich über die Küche und den Essbereich über die gesamte Tiefe des Hauses erstreckt: im Westen das Wohnzimmer, im Osten, zum Garten hin, die Küche und der Essbereich. Wie eine perfekt platzierte Skulptur führt zwischen diesen Bereichen eine offene Treppe in das Obergeschoss, wo von einer großzügigen Diele Türen in die westlich gelegenen Kinderzimmer sowie in das östlich gelegene Schlafzimmer und das Badezimmer führen. Hier, an der Stirnwand des Badezimmers liegt die von den Hausbesitzern so sehr geschätzte Sauna. Im Winter ist man aus der Sauna mit ein paar Schritten nur auf dem Balkon vor dem Badezimmer und von da auf dem Dach der als eigener Baukörper errichteten Werkstätte und kann die heiße Haut im kühlen Schnee zum Pulsieren bringen.

Martina Feirer, die sich als Architektin das Know-how für energieeffizientes Bauen über die Jahre angeeignet hat, ist heute überzeugte und zufriedene Passivhausbewohnerin. Die Unterschiede zum Vorher, sagt sie, sind markant. Und auch wenn sie trotz ihrer eigenen Denkart weit von einer Zwangsbeglückung potenzieller Bauherren entfernt ist: Der nächsten Generation will sie ihr Wissen schon heute vermitteln. Deshalb hat sie gemeinsam mit ihrer Kollegin Alexandra Frankel ein Kinderbuch geschrieben, in dem sie die Grundsätze des Passivhauses einfach und verständlich dargestellt haben. Und weil es oft die Eltern sind, die ihren Kindern aus diesem Buch vorlesen, lernen gleich auch sie etwas daraus. Die Auszeichnungen, die Martina Feirer und Alexandra Frankel für *Wir bauen uns ein Passivhaus* bekommen haben, sind somit mehr als verdient.

DAS MASS DER DINGE

Die Form des Grundstücks – ein schmales, langes Rechteck – verlangte ein langes Haus, dessen Optik Andreas Prehal, Architekt und Bauherr zugleich, variierte, indem er einen Knick in den Grundriss integrierte und das obere Geschoss verkürzte. Damit ließ sich eine Fassade mit starker grafischer Wirkung entwickeln, und zwar sowohl in der Form als auch durch die Naht-bereiche zwischen den Elementen der Fassadenverkleidung.

Sorgfältig integrierte der Architekt Andreas Prehal sein Passivhaus in einen Südhang in der Altstadt von Steyr. Dass der Hang ein paar vehemente Schwierigkeiten bereitete, weil er rutschte, gab dem Architekten mehr Zeit zum Planen. Einerseits fatal. Andererseits entstand so ein Zuhause, in dem er und seine Familie sich von Beginn an maßlos wohlfühlten.

Das rechte Maß ist alles«, lautet der Leitsatz von Helmut Poppe und Andreas Prehal, dem Architekten-Duo in Steyr, das sowohl im öffentlichen Bausektor als auch bei Einfamilienhäusern ausschließlich auf energieoptimiertes Bauen setzt. Als es um Andreas Prehals eigenes Haus ging, stellte sich deshalb die Frage nach Passivhaus oder konventionell bauen überhaupt nicht. Stattdessen wollte genau erwogen werden, ob das Ganze in Massiv- oder in Holzbauweise geschehen sollte. Die Entscheidung für einen Holzriegelbau begründete sich letztlich in der persönlichen Affinität: Andreas Prehals erster erlernter Beruf, bevor er an der Kunstuniversität Linz Architektur studierte, war Tischler. Und weil er zudem der Sohn eines Tischlers ist, war ihm die Liebe zum und das Wissen über das Holz sozusagen in die Wiege gelegt.

Außen sieht man wenig vom Holz. Der lang gestreckte Bau, optisch durch einen Knick verkürzt, wurde mit Faserplatten in einem rotbraunen Ton verkleidet, der wunderbar mit den horizontal verlaufenden Kupferlamellen zwischen den Fenstern im Obergeschoss harmoniert. Das Faszinierende daran ist die Veränderlichkeit des Materials, sein elegantes Altern. Ganz bewusst setzte der Architekt ein Farbenspiel in Gang, indem er Fassadenplatten wählte, die nicht lichtecht sind. Als das Haus ganz neu war, erschien es in seinen Farbnuancen ruhig und gleichmäßig – das Kupfer etwas heller, die Fassadenplatten dunkler. Mit den Jahren veränderte sich das Antlitz, das Kupfer bekam Patina, die der Sonne und dem Wetter ausgesetzten Fassadenplatten wurden heller, fast fahl, behielten im Terrassenbereich – vor dem direkten Licht durch das auskragende Obergeschoss geschützt – jedoch ihr sattes Braun.

Den Vorteil eines Hanghauses – das Spiel mit den Ebenen – wusste Andreas Prehal gekonnt zu nutzen. Betritt man das Haus von der Straßenseite, öffnet es sich von der Diele aus wie eine Schere. Im unteren Geschoss befindet sich zum Garten hin der große offene Wohnbereich mit Küche und großem Esstisch samt Sitzbank. Oben liegen die Privaträume der Familie. Zuerst das Schlafzimmer mit dem großen Badezimmer der Eltern. Ein Stück weiter hinten die beiden Kinderzimmer, von denen man auf den Garten blickt. Verbunden werden die Kinderzimmer von einer schmalen Diele, die sich vorne öffnet. Dieser offene, variable Bereich wird zum Raum mit vier Wänden, indem eine Schiebe- und eine Klapptür geschlossen werden. Auch an ihrem Beginn kann man die Diele zumachen. Dahinter befindet sich nun, wenn man will, ein Appartement aus Diele und drei kleinen Räumen, privat und von den anderen Bereichen des Hauses abgetrennt.

Im unteren Geschoss lautete die gestalterische Entscheidung, optisch einen fließenden Übergang zwischen draußen und drinnen zu schaffen. Raumhohe Verglasung, strukturiert durch Holzrahmen, gibt den Blick frei auf den Schwimmteich, an dessen südlicher Längsseite Schilf anmutig im Wind tanzt. Die klare Abgrenzung nach draußen ist dadurch gegeben, dass diese gläserne Wand nicht zu öffnen ist. Das Bild des Ambientes ist ein Teil des Interieurs, das aber immer Raum bleibt und nicht zum unentschiedenen Zwischending aus Veranda und Wohnraum verkommt. Will man hinaus, geht man an der Schmalseite bei der Küche durch die große Terrassentür. So bleibt der Raum ein Raum und die Terrasse eine Terrasse, die zusammengehören und doch unabhängig voneinander bestehen.

Ein wesentliches Wohlfühlelement ist die Sauna, die verborgen hinter einer hohen schmalen Tür gleich neben der Küche liegt. Der Grund für diese Positionierung ist allerdings weniger die Nähe zum Wohnbereich, sondern vor allem die

Das Holz der heimischen Kirsche dominiert unaufdringlich den Wohnbereich und die Küche. Von einem Tischler mit Liebe zu seinem Werkstoff bearbeitet, damit die Verläufe der Maserung perfekt sitzen, bekommt diese zurzeit ein wenig aus der Mode gekommene Holzart im Interieur einen so starken Charakter, dass man einen schmalen Wandkasten durchaus für ein Kunstwerk halten kann.

Einen Ausblick auf die Dächer und Kirchtürme der schönen Stadt Steyr hat man sowohl vom Garten mit dem Schwimmteich als auch vom Essbereich. Davor liegt draußen eine große geschützte Terrasse, über die das Obergeschoss schützend hervorkragt.

Möglichkeit, durch eine von außen unsichtbare, weil flächenbündig eingepasste Tür auf die Terrasse und damit auf kürzestem Weg zum Schwimmteich zu kommen. Im Winter, wenn dieser zugefroren zum Eislaufplatz der Kinder geworden ist, gibt es als Alternative ein Tauchbecken neben der Sauna.

Geprägt wird das luftige Interieur von heimischem Kirschholz, das Andreas Prehal vielfach als Oberflächenmaterial in der Küche und im Wohnbereich eingesetzt hat. Diese Holzart, momentan ein wenig aus der Mode gekommen, besticht durch ihre warme Farbe und eine kontrastreiche und dennoch nicht harte Maserung. Von einem Tischler mit Liebe zu seinem Werkstoff bearbeitet, sodass die Verläufe der Maserung perfekt sitzen, bekommt Kirschholz als Element der Innenraumgestaltung einen so starken Charakter, dass man einen schmalen Wandkasten fast für ein Kunstwerk halten kann. Die Oberfläche wird zum Schmuck, hebt sich über bloße Dekoration weit hinaus. Und anders als Esche oder Ahorn, die mit der Zeit vergilben, altert Kirschholz schön, wird dunkler und vertieft seinen zarten Rotton, ohne dass sich die markante Maserung verliert.

Ein Architekt mit Willen zur Perfektion geht immer Gefahr, für sich selbst noch perfekter bauen zu wollen. Anders ausgedrückt: Ein Architekt ist sich selbst ein Bauherr, wie man ihn sich schlimmer kaum erdenken kann. Es kam nicht nur einmal vor, dass Pläne fertig waren und auch die Zustimmung der Familie fanden, um am nächsten Tag wieder verworfen oder in Details verändert zu werden. Im Prinzip waren es Kleinigkeiten, die dem unvoreingenommenen Betrachter nicht einmal auffallen: die richtige Tiefe der Auskragung über der Terrasse, das richtige Maß an Funktionalität eines Raums durch sein spezielles Volumen, aber auch die Integration der Sauna, die weder abgelegen sein durfte noch zu sehr ins Zentrum rücken sollte. Doch irgendwann war ein Grad der Zufriedenheit erreicht, der selbst Andreas Prehal genügte, um mit dem Bau zu beginnen. Das Ringen um Perfektion jedenfalls hat sich gelohnt. Offenkundig hat der Architekt-Bauherr das richtige Maß im richtigen Augenblick getroffen, denn auch heute noch würde er nichts an seinem Haus ändern. Etwas Schöneres kann über sein Zuhause wohl niemand sagen.

IM SCHATTEN DER KANISFLUH

Vom Vorarlberger Architekten Hermann Kaufmann stammt dieses wunderbar schnörkellose Passivhaus. Die klare Linienführung innen und außen ermöglichte, dass sämtliche Zimmer dieselbe Qualität aufweisen: Alle Familienmitglieder haben ihre Zimmer in Richtung Süden – eine Form von Wohndemokratie, die vor allem von den Kindern Günter und Kornelia Morschers überaus geschätzt wird.

Günter Morscher errichtet als Bauträger im Bregenzerwald Passivhäuser. Als er sein eigenes baute, warf er gleich ein paar als unumstößlich geltende Regeln über Bord und bewies damit konsequent, dass ein Passivhaus zu bauen nicht im Geringsten bedeutet, sich in jeder Hinsicht der Technik unterordnen zu müssen.

Gegen alle Regeln der Vernunft« könnte als Hausmotto bei Kornelia und Günter Morscher ohne Weiteres durchgehen. Bereits die Wahl des Grundstücks ließ die Fachleute die Hände über dem Kopf zusammenschlagen: gelegen am Rand einer Moorwiese, an deren anderem Ende über den Ausläufern von Mellau und einem Wald die beiden Hausberge steil ansteigen. Kanisfluh und Mittagspitze stecken nicht nur voller regionaler Mythen, sondern – hinsichtlich des Morscher'schen Hauses – auch voller Tücken, nehmen sie dem Bau doch im Winter fast die ganze Sonne. Denn um die Wintersonnenwende kommt die Sonne gerade einmal für knappe fünfundvierzig Minuten zum Vorschein. Wenn man Glück hat. Wenn nicht, dann hängen dicke Schneewolken am Himmel und das Sonnenlicht verkommt zu einem diffusen Weiß. Man kann, bekam Morscher von allen Seiten zu hören, kein Passivhaus bauen, wenn man tagelang so wenig Sonne hat. Und genau dort muss man es machen, konterte der Bauherr. Denn wenn die Hülle wirklich gut ist und man also wenig Wärme verliert, dann kann man auch mit wenig Sonneneinstrahlung gut leben und die Zahlen erreichen, die notwendig sind, um als Passivhaus zu gelten.

Der kühne Versuch, den alle, ausgenommen Kornelia und Günter Morscher, als zum Scheitern verurteilt betrachtet hatten, gelang. Viel mehr noch: Der Versuch stellte sich als derart gelungen heraus, dass in direkter Nachbarschaft mittlerweile drei weitere Passivhäuser errichtet worden sind.

Morscher ist, was die Technologie eines Passivhauses betrifft, als Bauträger ein alter Hase: Im Jahr 1999 hat er das erste gebaut und seitdem die Innovationen, die architektonischen und die technischen Möglichkeiten gemeinsam mit Architekten und Technikern intensiv weiterentwickelt. Günter Morscher baut gar nichts anderes mehr als Passivhäuser – vom Einfamilienhaus bis zum Mehrfamilienhaus. Sein aufwendigstes Projekt bislang ist ein Mehrfamilienkomplex in Krumbach, der aus siebzehn Wohnungen, aufgeteilt auf zwei Häuser, besteht. Warum er das tut? Weil er gar nicht einsieht, warum er konventionell bauen soll, wenn es auch energieoptimiert geht, was in der Erstinvestition vielleicht etwas teurer ist, aber nicht nur mittelfristig Geld spart, sondern vor allem langfristig umweltfreundlicher ist.

Doch zurück zum Haus von Kornelia und Günter Morscher. Errichtet wurde es auf eine denkbar einfache Art und Weise: eine Stahlbetonbodenplatte, auf der Stahlsäulen platziert wurden, die man dann wiederum über eine Stahlbetondecke verbunden hat. Dieses Skelett wurde mit dreißig Zentimeter starken Holzelementen verkleidet, die schließlich innen und außen eine Verschalung erhielten. Der Raum zwischen den Stehern und der Verschalung wurde mit Zellulose, also im Prinzip mit Altpapier, gefüllt. Eine ideale Dämmung und umweltfreundlich noch dazu. Die einfache Konstruktion erlaubt viel Gestaltungsspielraum. Man kann sie innen mit Holz vertäfeln oder, wie es die Morschers für sich entschieden haben, mit Gips verkleiden.

Bemerkenswert ist die Fassade, die an die Tradition der Bregenzerwälder Häuser anknüpft: Wo diese die halbrunden, mit der Hand ausgestanzten Holzplättchen an ihren Fassaden tragen, hat Morscher etwas größere rechteckige zur Verkleidung verwendet. Mit der Hand war das dafür verwendete Weißtannenholz zu Schindeln gespalten worden, weil nur ein sensibler Handwerker der Natürlichkeit des Holzes zu folgen vermag und es entlang den Jahresringen und damit an der idealen Stelle spaltet, womit es so gut wie unverwüstlich ist. Eine Maschine würde das Holz vielleicht perfekt gleichmäßig

Holz spielt bei diesem Einfamilienhaus eine Hauptrolle. Um seine Widerstandskraft und seine Elastizität nicht zu minimieren, sondern durch eine Verarbeitung zum richtigen Zeitpunkt bestmöglich zu nutzen, richtet man sich im Bregenzerwald vielfach ganz selbstverständlich nach den Mondphasen. Darum müssen sich allerdings weder Architekt noch Projektleiter kümmern: Der Mondkalender gehört zum Alltag der Zimmerer wie das Einmaleins zum Alltag eines Schulkindes.

Auf besonderen Wunsch von Günter Morscher wurde dieser Kamin in das Haus integriert. Die Herausforderung bestand darin, ihn extrem gut zu dämmen, weil er das Haus ansonsten zu stark aufheizen würde.

zerteilen – und ruinieren. Grob, unsensibel und unelastisch würde eine Maschine in das Holz fahren, es irgendwo spalten und wehrlos machen. Die Schindeln wurden dann nicht auf Platten festgemacht, die man vor die Fassade montierte, sondern einzeln an die Außenhaut aufgebracht.

Das traditionelle Bregenzerwälder Haus, bei dem diese Prozedur seit Jahrhunderten gang und gäbe ist, überdauert ehrwürdig und mit schöner Patina die Zeit. Günter und Kornelia Morschers Haus hat gute Aussichten, sich in einem moderneren Kleid, angefertigt jedoch nach denselben Regeln hoher Handwerkskunst, in diese Alterslosigkeit einzureihen. Die Weißtannenschindeln blieben übrigens sägerau und unbehandelt. Denn, sagt Günter Morscher mit Nachdruck, wenn man Holz etwas Schlechtes antun will, dann behandelt man es. Seine Weißtannenschindeln dürfen altern, ganz so wie die Sonne, der Wind, Regen und Schnee es vollbringen. An der Südseite wird es rotbraun, an der West- und an der Nordseite wird es dunkel, bekommt eine fast schwarze Patina. Die Fassade reagiert wie ein Baum, der auf der Wetterseite ganz anders aussieht als auf der anderen. Eine schöne Vorstellung, in einem Haus zu wohnen, das sich mit den Jahren, mit der Temperatur, dem Wetter verändert und gerade deshalb aller Voraussicht nach ein paar Generationen überdauern wird.

Die Bregenzerwälder Bautradition hat Morschers Architekt Hermann Kaufmann auch für die Form des Hauses übernommen: ein ruhiger lang gestreckter Baukörper, auf dem ein unprätentiöses Satteldach sitzt. Der Bruch mit der Tradition manifestiert sich in der spektakulären Glaswand an der Südseite des Hauses. Die Natur im Haus, das Haus in der Natur erfährt hier eine neue Bedeutung: Die Grenze zwischen beiden wird transparent, sodass die große Moorwiese, die Bergriesen dahinter, die verstreut liegenden Häuser der Umgebung zu einem Teil des eigenen Hauses werden. Kornelia und Günter Morscher brauchen kein Bild in ihrem Haus. Sie haben ein riesengroßes, das sich verändert, je nachdem, ob die Wiese grün ist oder weiß vom Schnee, ob Wolken die Sonne verbergen und das unbewegte Bild zum bewegten Spiel aus Licht und Schatten wird, ob abends die Fenster der Nachbarn als goldgelbe Flecken im Dunkeln schweben oder die weißen Blumen, die Kornelia Morscher gepflanzt hat, in der Nacht leuchten. Der große Raum im Erdgeschoss, in dem gekocht und gegessen wird, in dem die Familie zusammenkommt und in dem man auf einer ausladenden Couch die Seele baumeln lassen kann, ist grenzenlos in seiner ununterbrochenen Korrespondenz mit dem Leben draußen.

Außer seinem riesigen Naturbild hat der große Wohnraum noch eine Besonderheit zu bieten: Günter Morscher liebt offenes Feuer, weshalb er hier einen Kamin mit Glasfenster eingebaut hat, durch das er dem Flackern der Flammen zuschauen kann. Wirtschaftlich, sagt er, ist das unsinnig, aber manchmal müssen emotionale Entscheidungen getroffen werden, weil sie einfach gut tun. Auf der einen Seite das Feuer sehen und auf der anderen Seite am zweieinhalb Meter langen Esstisch aus Eichenholz sitzen und mit dem Rücken an der warmen Kaminwand lehnen – der pure Genuss. Ein Nebeneffekt: Günter Morscher beweist mit seinem geliebten Kamin, dass in einem Passivhaus vieles möglich ist, dass es eine unsinnige Mär ist, man müsse sich mit einem Passivhaus der Technik komplett unterordnen. Der kategorische Imperativ bleibt auch für ein Passivhaus kein anderer als der Mensch, der darin wohnen will.

DAS HAUS AM GRÜNEN MEER

Zwei archetypische Bauten am Rand einer weiten Grasfläche: Das Wohnhaus und sein Nebengebäude sind architektonische Haute Couture. Die formale Reduktion erreicht hier ein Höchstmaß an Eleganz und Individualität. Hinter dieser charakterstarken Schlichtheit steht das ungewöhnlich hohe Engagement von Nina Trattner und Gerhard Scharfetter.

Wer sich ein Haus baut, hat zwei Möglichkeiten: bauen lassen oder selbst bauen. Nina Trattner und Gerhard Scharfetter haben die dritte Variante gefunden. Sie haben nicht gebaut, sie haben sich ein maßgefertigtes Wohnkleid geschaffen. Eines, das sich anfühlt wie weicher Musselin, das duftet, als wäre es gerade frisch aus der Dusche gestiegen, und das seinen Besitzern wie angegossen passt.

Der erste Eindruck ist bestechend. Da stehen zwei einfache dunkle Holzhäuser, Zitate der auf den Salzburger Futterwiesen allgegenwärtigen Heuschober, am Rande einer unendlich weiten grünen Grasfläche, auf der sich die Grashalme wie Meereswellen im Wind bewegen. Rechts das größere der beiden Häuser, der Wohnbereich, links das kleinere, der Wirtschafts-, Arbeits- und Lagerraum. Dazwischen eine betonierte Ebene, gleichermaßen Trennung und Verbindung zwischen den Bauten. Kein Zierrat, nichts Prätentiöses, das auf Wirkung bedacht ist, nichts, was die Konzentration auf die simple Form stören würde. Und vor allem nichts, was den Blick verstellt und von der charakterstarken dunklen Lärchenholzfassade ablenkt. Der gleißende, mit verzinktem Stahlblech verkleidete Eingangsbereich des Wohnhauses ist keine Irritation, sondern verstärkt die Konzentration noch.

Diese Wirkung unaufdringlicher und dennoch höchster Konzentration ändert sich nicht, wenn man das Haus betritt. Nur die Farbe ist eine andere. Nun ist alles hell, fast weiß. Für die Innenraumverkleidung hat Fichtenholz die Lärche abgelöst und bildet das Futter des Wohnkleids. Auf herkömmliche Hochglanzästhetik, die man allenthalben in den Magazinen zu sehen bekommt, wurde auch hier verzichtet. Zwei schlichte Räume, je fünfzig Quadratmeter, einer im Erdgeschoss, einer im oberen Stockwerk. Beherrscht wird der untere Raum vom massiven Gussbetonblock, der den Küchenbereich definiert (und der vom Hausherrn selbst entworfen und gegossen wurde), vor allem aber wieder von der weiten grünen Wiese, auf die der Blick unweigerlich durch die riesigen, im rechten Winkel angeordneten Schiebetüren fällt. Wenn sich das Licht verändert, Wolken über den Himmel ziehen, die Wiese nicht grün, sondern von Millionen von Löwenzahnblüten übersät sonnengelb leuchtet oder eine dicke Schneedecke das grüne Meer verbirgt, wandelt sich auch der Wohnraum. Die Wände nehmen andere Farben an, der Raum wird weiter oder enger. Wie ein Kleid, das sich perfekt den Bewegungen seiner Trägerin anpasst.

Eine Treppe, begrenzt von einer haushohen Bücherwand, führt nach oben. Und auch hier ist alles hell, schlicht und großzügig. Zwei Schlafräume hinter Schiebetüren, Stauraum unsichtbar hinter Fichtenholz und dafür ein großes offenes Badezimmer mit einer Badewanne vor dem Fenster (Blickrichtung: die große Wiese), einem Waschtisch aus verzinktem Blech und einer offenen Walk-in-Dusche. Eine Glaswand trennt Dusche und Waschtisch. Und weil das Holz unter dem Wasser leiden könnte, wurde die gegenüberliegende Wand mit Tadelakt verkleidet, einem mineralischen Glanzputz aus Muschelkalk, der einmal im Monat mit duftender Marseiller Seife behandelt wird. Das macht den Tadelakt wasserabweisend und schmutzunempfindlich.

Die Poesie dieses Hauses, dieser beiden Häuser, um genau zu sein, ist eine hart erarbeitete und hat die beiden Besitzer mehr als einmal an ihre Grenzen geführt. Sie hatten dieses Grundstück am Südrand von Radstadt und wollten ein Haus. Dieser Entschluss war noch die einfachste Übung. Die nächste inszenierte Tom Lechner von LP architektur, der sich als versierter Mediator herausstellte – keine Besprechungen oder

Im kleineren Nebengebäude wurden der Arbeitsplatz und der Wirtschaftsraum untergebracht. In der massiven Sichtbetonmauer verbergen sich die Waschmaschine und der Trockner. Gleichzeitig bildet sie eine sichere Grenze zur Treppe, über die man hinaus in das Zwischenreich gelangt, den an zwei Seiten von den Gebäuden flankierten kleinen Hof. Wenn dieser überquert wird, öffnet sich das Panorama zum grünen Meer.

Die Bauherren haben nicht nur das Lärchenholz der Fassade nach ökologischen Kriterien eigenhändig behandelt, sondern auch das Fichtenholz für das Interieur. Letzteres wurde mit einer Mischung aus Zinkoxid – weißem Pigment –, Bienenwachs und Orangenöl imprägniert. Eine betörend duftende Lösung.

Molche und Wasserpflanzen teilen sich den Schwimmteich mit den Bewohnern des Hauses. Vor allem die Molche, aber auch anreisende Libellen sorgen dafür, dass die Familie auch an lauen Sommerabenden ohne lästige Mücken zu Abend essen kann.

keine Probleme. Da Brigitte Fink mit Passivhäusern keine Erfahrung hatte, ließ sie ihre Pläne von einem Fachmann durchrechnen. Denn worauf sie nur sehr ungern verzichtet hätte, das waren die großen südwärts gerichteten Glasflächen am Haus – jenes einladende, der Welt gegenüber offene Detail, das der strengen Formensprache alle Härte nimmt. Für alle überraschend stellte sich heraus, dass die Architektin ohne Passivhaus im Sinn bereits passivhaustauglich geplant hatte.

Letztlich löste sich sogar die größte Befürchtung in Wohlgefallen auf: Ein Passivhaus, erklären die Bauherren heute, ist im Rahmen der Erstinvestitionen tatsächlich nicht schmerzhaft teurer als ein konventioneller Bau. Die Mehrkosten, so der zahlenjonglierende Hausherr, rentieren sich in weniger als einem Jahrzehnt. Und zwar aus dem einfachen Grund, weil kaum Heizkosten anfallen. Für eine Wohnfläche von hundertsechzig Quadratmetern plus siebzig Quadratmeter Büro in einem Haus, das den kalten und schneereichen Tiroler Wintern ausgesetzt ist, ein wesentlicher Kostenfaktor.

So musste zwischen Entwurf und Ausführung nur wenig verändert werden. Das neue Zuhause der Familie Fink wurde wie geplant den Hang entlang errichtet, was zwei ebenerdige Geschosse erlaubte. Im unteren ist das Büro von Brigitte Fink untergebracht, im oberen die große Wohnküche mit der davorliegenden Terrasse. Und darüber, im ersten Stock, wurden die Schlaf- und Kinderzimmer sowie das große Badezimmer angeordnet. Um möglichst viel Wohnraum zu schaffen, wurde die Treppe, die alle drei Ebenen verbindet, fast diskret schmal an der Nordseite platziert. Aus architektonischer Sicht stiefmütterlich behandelt wurde sie dennoch nicht: Auf der einen Seite von der Hauswand begrenzt, auf der anderen Seite durch eine stabile, holzvertäfelte Wand zum Wohnbereich wirkt sie wie ein starkes Tau, das das Haus im Inneren zusammenhält.

Der große Luxus und ein bestechender Blickfang ist ein Mittelding aus Pool und Biotop vor der Gartenterrasse. Blickfang, weil man sich kaum losreißen kann von der grünen Wasserfläche, die sich sanft in der spätsommerlichen Brise kräuselt. Luxus, weil der Pool unbedingt eine Pumpe erfordert. Ihr Energiebedarf, erzählt der Hausherr, bringt die guten Zahlen des Passivhauses manchmal ein wenig aus der Reihe. Aber eben nur ein wenig. Tatsächlich nämlich geht sich die Rechnung immer noch mit gutem Spielraum aus.

Eine schmale Treppe, die diskret an der Nordseite des Gebäudes liegt, verbindet den Eingangs- und Atelierbereich mit der Wohnebene und den Schlafräumen im Obergeschoss. Optisch scheint sie dank dem reizvollen Kontrast zwischen dunklem Eichenboden und heller Birkenfurnier die drei Ebenen fest zusammenzuhalten.

KÜHN GELANDET

Einem futuristischen Flugkörper nicht unähnlich scheint dieses Passivhaus in der Steiermark an seinen Säulen vor Anker gegangen zu sein. Das strahlende Weiß der Wände, der Knick nach oben im Pultdach, die Terrassenbeleuchtung und die blau schimmernden Fotovoltaikpaneele an der Terrassenbrüstung verstärken diesen Eindruck noch.

Wäre es nach dem Willen des Architekten gegangen, hätte das Haus eine Kupferverkleidung an der Fassade erhalten, damit es sich gleich von vornherein ein bisschen weicher in die Landschaft fügt. Die Bauherren haben sich dagegen entschieden: Ihr Haus gewordener Blickfang soll Zeit haben, langsam mit dem Ambiente zu verschmelzen.

Wahrscheinlich gibt es nur noch selten den Fall, dass Bauherren ihre Architekten überraschen. Alles schon dagewesen, alles schon gebaut. Das ist die eine Seite. Die andere, dass Architekten von ihren Bauherren ganz bestimmte Vorstellungen haben und meinen, deren Wünsche und Vorlieben ziemlich genau einschätzen zu können. Doch manchmal irren selbst sie. So ging es dem Architekten Erwin Kaltenegger, als Adi Sperl und dessen Ehefrau, Besitzer der Halterhütte auf dem Schöckl, dem Grazer Hausberg, zu ihm kamen, um über den Bau eines Einfamilienhauses zu reden. Kaltenegger hatte den beiden diesen Dienst aus alter freundschaftlicher Verbundenheit irgendwann versprochen und dachte nun, er, der Vorreiter auf dem Gebiet der Passivhäuser, der Kompromisslose, dem konventionelles Bauen nicht mehr ins Atelier kommt, müsse sich nun mit einer Art von Bauen auseinandersetzen, die er längst schon hinter sich gelassen hatte. Doch die Auftraggeber kamen mit Vorschlägen und Wünschen, die des Architekten Befürchtungen mit einem Streich vom Tisch wischten.

Zuerst war da das steile Hanggrundstück – wegen der vielen Lösungsmöglichkeiten immer wieder eine spannende Herausforderung –, dann wollten die beiden ein Passivhaus, und was die Architektur betraf, hatte sich das Ehepaar Sperl längst schlau gemacht und kam mit Bildern von aufregenden neuen Häusern in Vorarlberg, wo Hermann Kaufmann eine frappierend einfache Lösung für ein Hanghaus gefunden hatte: Stützsäulen und darauf, einer Abflugrampe nicht unähnlich, das eigentliche Wohnhaus. Erwin Kaltenegger war überrascht, erfreut und inspiriert.

Adi Sperl und seine Frau bekamen schließlich ein Haus, das an der Nordseite im Hang mit einer Garage beginnt, in das man dann von unten über eine Treppe »einsteigt« und das

Von allen Räumen – ausgenommen das an der Nordseite gelegene Gästezimmer – gelangt man auf die schmale Terrasse. Vor allem jedoch haben die Hausbesitzer von hier einen ungehinderten Blick auf den Schöckl – und damit auf ihr Gasthaus auf dem Hausberg der Grazer.

Schlicht, aber charakterstark ist auch das Interieur. Architekt und Bauherren haben sich entschlossen, die hundertzwanzig Quadratmeter Wohnfläche nicht zu verschachteln, sondern als Raumkontinuum hintereinander aufzufädeln. Auf den Wohn- und Essbereich, der Licht vom Westen und vom Süden erhält, folgen die Küche, ein kleiner Zwischengang und schließlich das Schlafzimmer und ein Bad. Dieser Privatbereich kann durch Schiebetüren verschlossen werden.

sich nach Süden und Südwesten hin weit öffnet. Als würde sich der ganze Bau aus dem Hang herauslehnen, wurden ihm an der Südseite schlanke, fast zierliche Säulen verliehen, die ihn optisch im Boden verankern. Über dem offenen, von den Säulen gestützten Raum liegt die Wohnebene, die nicht einmal besonders groß ist (sie nimmt rund hundertzwanzig Quadratmeter ein). Doch, was Erwin Kaltenegger dann mit diesem Raum gemacht hat, wurde zum wahren Vergnügen für die späteren Bewohner. Er hat nämlich das Dach an der Südwestecke aufgespreizt, sodass die Besitzer nicht nur Raumvolumen und Licht gewannen, sondern auch einen freien Blick auf ihren Gastwirtschaftsbetrieb auf dem Grazer Hausberg.

Die Wohnebene, in der sich vor der großzügigen Verglasung die schlanken Säulen wiederholen, richtet sich logischerweise auch ganz an dieser Aussicht aus. Die Räume – Küche, Wohn- und Essbereich, Diele, Schlafzimmer und Badezimmer – sind entlang der gläsernen Front aufgereiht. Davor erstreckt sich über die gesamte Länge eine Terrasse, an deren Brüstung Fotovoltaikpaneele installiert wurden. Dort, wo man kein Panorama braucht, an der Nordseite des Baus also, liegen ein Schrankraum sowie die Toilette und der Technikraum.

Diese Schlichtheit ist von bestechender Klarheit und Übersichtlichkeit. Und schuf Platz für Lieblingsstücke, für eine Buddhastatue, für Pflanzen in starken Farben. Ansonsten blieb das Interieur so schlicht wie möglich. Ein Raumkontinuum, das sich mittels Schiebetüren trennen lässt, ein honigfarbener Holzboden, der die kühle Kombination aus Glas und Weiß besänftigt. Protagonisten dieser Haus gewordenen Reduktion auf das Wesentliche aber sind die Landschaft der Weststeiermark und das Licht.

Die Ausführung des Baus haben die Bauherren selbst überwacht, und sie haben auch entschieden, die Fassade strahlend weiß zu belassen, anstatt sie mit Kupfer optisch zurückzunehmen. Die Pflanzen rund um das Haus werden wachsen und dann wird das, was aus bestimmten Perspektiven heute noch ein wenig an ein kühn gelandetes Flugobjekt erinnert, zur optischen Selbstverständlichkeit werden.

EIN HAUS AUS LICHT UND RAUM

Weder Estrichleger noch Trockenbauer, noch Maler wurden für den Bau dieses Doppelhauses benötigt, denn für seine Fertigung wurde mit großer Konsequenz Kreuzlagenholz eingesetzt: Konstruktionsmaterial, Innenausbau, die Treppe und die Möblierung bestehen aus kreuzverleimten Massivholztafeln. Dabei ging man mit dem Material überaus effizient um, denn aus dem Verschnitt wurden Trittstufen, Regale, Möbelstücke und Waschtische angefertigt.

Das verwendete Material pur und simpel, die Architektur beruhigend und schlicht: Reinhold Hammerer, Architekt in Innsbruck, hat für sich und seine Familie und für seine Nachbarn ein Passivdoppelhaus gebaut, das im Schutz von Patscherkofel und Nordkette beweist, dass der Mensch zum guten Wohnen nichts braucht als Holz und Licht.

Am Anfang stand ein Entwurf: das Dreihaus, eine Gebäudehülle, die von außen immer gleich aussieht, in ihrem Inneren aber aus drei kubischen Modulen besteht, die man je nach Geschmack und Bedarf anordnen kann. Dieses Systemhaus mit Passivhaustechnologie kann als Einfamilien- oder als Doppelhaus geplant werden, als Reihenhaus oder sogar als Mehrfamilienhaus, in dem die Module vertikal und horizontal gestapelt werden. Dieses in der Theorie ein wenig schwer vorstellbare Modell hat maaars architecture, zu der Reinhold Hammerer gehört, auf einer Messe vorgestellt. Die Resonanz war groß und kam unter anderem von jenen, mit denen sich Reinhold Hammerer mittlerweile ein Doppelhaus in Sistrans bei Innsbruck teilt. Die Entscheidung dafür war ein Risiko, doch die Zweckgemeinschaft stellte sich als Glücksfall heraus, denn Hammerers Vorstellungen hinsichtlich höchster Energieeffizienz und des extensiven Einsatzes von Holz beim Bau wurden von den neuen Nachbarn nicht nur akzeptiert, sondern auch zu hundertzwanzig Prozent unterstützt.

Sensibilität im Umgang mit den Gegebenheiten des Geländes und den verwendeten Materialien war dem Architekten, Bauherrn und Bauleiter in Personalunion bereits in der Planungsphase ein Anliegen. »Caterpillar-Architektur«, wie Reinhold Hammerer es nennt, kam für ihn nicht infrage, also musste er dem Gefälle des Grundstücks mit seinem Entwurf folgen. Er baute die beiden hintereinanderliegenden Häuser stufenförmig und akzentuierte das mit den ebenfalls in Stufen verlaufenden Vordächern über den Eingängen an der Nordseite der Bauten. Verblendet hat er die Kanten der Dächer und zum Teil die Eingänge mit schlichtem Schwarzblech, das – ein attraktiver Effekt – ganz natürlich rosten darf. Optisch ordnet sich das rötlich erodierende Blech dem eigentlichen Hauptdarsteller des Doppelhauses unter: dem Holz. Die sägerauen Lärchenbretter der Fassade wurden ganz bewusst unregelmäßig verlegt. Kürzere Bretter wechseln einander mit längeren ab, breitere mit schmaleren. Ein bewegtes Haus, dessen Fassade nur auf den ersten Blick monoton wirkt. Auf den zweiten und auf jeden weiteren wird es zum geometrischen Mandala, zum Archetypus des Holzbaus schlechthin.

Überhaupt, das Holz: Für Reinhold Hammerer ist es das ideale Material, das dem Menschen zuträglichste. Es ist weich, warm, unregelmäßig. Holz hat keine glatte Oberfläche und scheint nur monochrom zu sein. Unbehandeltes Holz ist wie ein lebendiger Organismus, es verändert sich mit den Jahren, bekommt Patina. Holz ist nie perfekt und so gewissermaßen dem Menschen verwandt, der sich dem Holz als schützender Hülle getrost anvertrauen darf. Wie sehr der Architekt Holz schätzt, zeigt sich bei seinem Haus nicht nur außen, sondern viel ausführlicher und intensiver noch in den Innenräumen mit den Böden aus Weißtanne und den Wänden aus Fichtenholz. Beides unbehandelt selbstverständlich.

Im Inneren wird nun auch die Theorie von den drei kubischen Modulen innerhalb der Gebäudehülle zum praktischen Anschauungsunterricht: Ein horizontales Modul ist die Küche im Erdgeschoss, daneben erhebt sich ein vertikaler Kubus über beide Geschosse des Hauses und bildet einen luftigen offenen Raum über dem Esstisch; darüber, in der oberen Etage, liegt wieder ein horizontales Modul, ein Allzweckraum

Der konsequente Einsatz von Holz ist nur scheinbar monoton. Tatsächlich verändert es sich mit dem Licht, mit der Jahreszeit und mit seinem Alter. Die unterschiedlichen Längen und Breiten der Fassadenholzlatten verleihen dem Haus zusätzlich eine lebendige Optik. Präzise wurde der Lichteinfall in die architektonische Planung einbezogen: Die aufgehende Sonne scheint durch ein Fenster im Obergeschoss und fällt durch eine gläserne Brüstung direkt in die Küche, ohne von einer Barriere aufgehalten zu werden.

Schatten bekommt das Haus durch Schiebeläden aus unterschiedlich breiten Lärchenholzplatten, die man vor die Fenster schieben kann. Ob und wo das Haus seine Augen öffnet oder schließt, entscheiden seine Bewohner.

zum Arbeiten, Musikhören, Nachdenken. Das Ganze ist, wie gesagt, wandelbar. Die Nachbarn wollten ihre Kuben horizontal angelegt haben: ein großer im Erdgeschoss, zwei darüber im ersten Stock, dafür kein vertikaler Luftraum in der Mitte.

Die bestechende Schlichtheit des Umgangs mit Geometrie ist die eine Sache, die andere das virtuose Handhaben von Licht und Raum. Es sind die verzauberten Sommer seiner Kindheit, die der Architekt hier für sich verwirklicht hat, die Erinnerungen an die einfach gezimmerten Heustadeln, in denen das Licht durch breite Ritzen in den Raum hinter den Holzlatten fällt, wo der Staub des Heus in den Sonnenstrahlen tanzt und jeder Millimeter Holz seinen betörenden Duft verströmt.

Diese schöne Vorstellung in präzise Architektur zu übersetzen, gelang dem Architekten mit einer Glaswand, die sich an der Südseite seines Hauses über beide Geschosse zieht, und mit Holzläden der ganz besonderen Art: Als Sonnenschutz vor der Glaswand dienen Screens aus Lärchenbrettern, die nicht Kante an Kante verlegt wurden, sondern mit Abständen zueinander. Und wieder sind die Bretter – wie jene der Fassade – ungleichmäßig breit, sie zeigen Astlöcher und Ritzen. Ganz natürlich, ganz so, wie ein Baum eben wächst. Sind diese elektrisch verschiebbaren Holzläden offen, ist das Haus von Licht durchflutet. Sind sie geschlossen, dann hebt ein Spiel aus Licht und Schatten, aus goldenen Streifen und honigfarbenen Holznuancen an. Und je tiefer die Sonne im Jahreslauf steht, umso intensiver wird dieses Lichtspiel. Ein warmes Leuchten, das im tiefsten Winter Behaglichkeit vermittelt, noch bevor sich der Körper nach der tatsächlichen Temperatur fragt. Das Wohngefühl und den optischen Kitzel verändern kann man natürlich auch damit, je nachdem wo man die Screens öffnet und wo man sie geschlossen hält.

Reinhold Hammerers architektonische Material- und Formensprache entwickelte sich im Wesentlichen aus drei Parametern: den sommerlichen Abenteuern in den Heuschobern, den unguten Empfindungen, die das Wohnen im elterlichen Sechzigerjahrebau in ihm hervorgerufen hatte, zu dem er den absoluten Kontrapunkt finden wollte, und seinem Studienjahr an der Madrider Architekturhochschule. Dort studierte er bei Alberto Campo Baeza, dessen Maxime »mas con menos« – »mehr mit weniger« – lautete. Mit der extensiven und ausschließlichen Verwendung von Holz, aus dem er Raum schafft, dem nichts als Licht hinzuzufügen ist, hat Reinhold Hammerer diesen Leitsatz aus der Theorie in die Wirklichkeit gehoben.

DER PERFEKTE BUNGALOW

Im offenen Winkel des L-förmigen Bungalows liegt der Nirosta-Pool, der aufgrund der extensiven Fassadenverglasung zu einem integrativen Element des Interieurs wird. Im Sommer schimmert das Wasser blau und bewegt in der abendlichen Brise. Im Winter, wenn das Wasser gefriert, wird es zum unbewegten Stillleben, zur buchstäblichen natura morta. Der grüne Akt in der Diele stammt von Veronika Smejkal.

Wer sich ein Haus baut, hat oft keine allzu genaue Vorstellung davon, was er oder sie eigentlich wirklich will. Anders war das bei den Besitzern dieses Niedrigenergiehauses: Dass es ein flacher, eingeschossiger Bungalow werden wird, war immer klar. Dennoch war es ein weiter Weg, bis das Ergebnis endlich allen Vorstellungen entsprach.

Am Beginn stand das Wissen darum, dass man alles anders haben wollte: Das konventionelle Einfamilienhaus auf drei Ebenen mit einer Wohnfläche von hundertzwanzig Quadratmetern war erstens zu klein geworden, und das Stöckesteigen eine Mühseligkeit, die man sich künftig gerne ersparen wollte. So weit, so gut. Auch das Grundstück am Stadtrand Wiens, auf dem das neue Zuhause errichtet werden sollte, war irgendwann gefunden. Und dann begann ein langwieriger, oft schwieriger Prozess, der sich im Nachhinein betrachtet als so sinnvoll wie zielführend herausstellte. Denn der Bauherr bekam nicht einfach seinen Bungalow: Andreas Lang, der Architekt, gestaltete letztlich einen Bau mit so viel Glas, mit so vielen Anklängen an mediterranes Wohnen und mit so viel Großzügigkeit, dass man ohne Übertreibung von einer wahrlich gelungenen Sinfonie aus Raum, Licht und Form sprechen kann.

So einfach war das nicht zu erreichen, denn schon das Grundstück selbst erwies sich als harte Nuss. Im Verhältnis sehr lang und sehr schmal, verjüngt es sich noch dazu stark an einem Ende. Dazu kommt, dass der hinterste, westseitig gelegene Bereich dieses eigenwilligen Areals als Grünfläche gewidmet ist. Das bedeutete, dass am idealen Ort für einen Pool – auch Teil der Prioritätenliste – gar keiner angelegt werden durfte. Kein Wunder, denkt man sich, wenn man den Erzählungen des Hausherrn zuhört: dass er das Grundstück erwarb und dann erst überlegte, was damit eigentlich anzufangen sei; dass er ganz nahe daran war, es zu parzellieren und gleich wieder weiterzuverkaufen; dass der Entscheidungsprozess, doch selbst zu bauen, ein langwieriger war. Und dass die Planungsphase mit dem Architekten dann insgesamt anderthalb Jahre gedauert hat. Wobei diese Zeit durchaus sinnvoll verbracht wurde und den einen oder anderen Bauplan hervorbrachte – von denen nicht nur einer in der Ablage landete und einer sogar einen Augenblick vor dem Einreichen wieder verworfen wurde. Als Glücksfall stellte sich in diesem zeitweilig wohl zermürbenden Auf und Ab der Architekt heraus. Andreas Lang, der sein Architekturbüro im burgenländischen Neusiedl am See betreibt, hat, was Wohnarchitektur betrifft, ein klares Credo: Ausgangspunkt sind immer die Bedürfnisse seiner Bauherren. Und weil diese zu Beginn oft gar nicht so genau wissen, wie diese aussehen und vor allem, wie man sie am besten formuliert und kommuniziert, übt sich Lang in Geduld und der schönen Kunst des Zuhörens, um daraufhin das Wollen der späteren Bewohner in die Formensprache einer modernen Architektur zu übersetzen.

So entstand am Rande Wiens dieser Bungalow mit einer Nutzfläche von nahezu vierhundert Quadratmetern. Auf diesen wird gewohnt, gearbeitet und Leidenschaften nachgegangen, denn ein Teil der Fläche gehört den Motorrädern des Hausherrn, die für die weiten Touren durch ganz Europa laufend in Schuss gehalten werden müssen.

Der Grundriss des Hauses könnte kaum unkomplizierter wirken: ein Windfang als Eingangsbereich, eine lange Diele, von der Türen in die Arbeits- und Wohnräume der Familie führen. An ihrem Ende öffnet sich der Gang zu einem sehr großen Raum, in dem Wohn- und Essbereich sowie die Küche eingerichtet sind, vor denen die Terrasse und der Garten liegen.

Das perfekte Design des Interieurs übernahm das Studio Wenzl aus Waidhofen an der Ybbs. Im Prinzip haben sich der Hausherr und seine Frau ganz auf ihren Innenarchitekten verlassen – lediglich der auffallende schwarze Lüster war ein Spezialwunsch des Bauherrn.

Diele, Küche und Bad bilden den Rahmen für ein Atrium, einen den Blick beruhigenden Zen-Garten mit einem kleinwüchsigen Ahorn, der abends beleuchtet zur feingliedrigen Skulptur wird.

Doch spannend an diesem Layout ist weniger das Was als das Wie: die Diele etwa, die an einer Seite vom Boden bis zur Decke verglast ist. Strukturiert wird dieser transparente Bereich von schlanken schwarzen Säulen und von im weißen hochglänzenden Marmorboden eingelassenen Leuchten, die abends ein reizvolles Vexierbild aus Transparenz und Dichte schaffen, durch die der silberblaue Edelstahlpool schimmert. Überhaupt bekommt dieses Haus, wenn es dunkel ist, eine ganz spezielle Atmosphäre, zu der insbesondere das Atrium beiträgt. Wie in den Häusern Andalusiens oder Nordafrikas nämlich hat der Architekt am Schnittpunkt zwischen Badezimmer, Küche und Diele einen kleinen Innenhof platziert. Rundum verglast wirkt er tagsüber optisch beruhigend, um am Abend mit dem raffiniert beleuchteten Fächerahorn zum faszinierenden Blickfang zu werden.

Im ganzen Haus wird schnell offensichtlich, dass der Hausherr klare Linien bevorzugt. Der Sichtbeton beim Pool, der dank der Glaswände zu einem integrativen Gestaltungselement auch des Interieurs wird, die glatten hellen Boden- und Wandflächen, der schlichte Küchenblock, die Küchenfronten in zartem Beige mit den eingebauten Geräten, der gekonnte Einsatz von hellen und dunklen Oberflächen – all das ist Geometrie in höherer Form. Doch bevor dieses kontemplative Ambiente erstarrt, bemerkt man die wohlgesetzten Brüche: die runde Holzschale auf dem Esstisch, den extrem hochflorigen Teppich in zartem Rostrot, in dessen optische Wärme sich ein runder Tisch in Retrodesign schmiegt, das expressionistische Aktbild von Veronika Smejkal und vor allem den barocken Kristallluster, der mit aller Tradition bricht, weil er tiefschwarz ist.

Erst mit dem Begreifen, dass all diese Teile – die klaren Linien und ihre Kontrapunkte, der Raum und das Licht, das Duett aus Draußen und Drinnen – ein virtuoses mehrstimmiges Zusammenspiel bilden, nimmt man die Lebendigkeit und die Behaglichkeit dieses Hauses wahr.

DER MITTELPUNKT DES LANDES

Mit seinem Sockel aus Stein und Glas und dem hölzernen Kubus darüber, wo keine Vor- oder Rücksprünge die ausgewogenen Proportionen irritieren, ist dieser Bau ein auffallender Blickfang in der hügeligen Landschaft des nördlichen Niederösterreichs. Das Haus bekommt viel Feedback, oft auch von zufällig vorbeikommenden Ausflüglern, die den Besitzern zu ihrem ungewöhnlichen Zuhause gratulieren. Auf dem Dach wurden übrigens Vorkehrungen für den späteren Anschluss von Warmwasserkollektoren geschaffen.

Ein weitläufiges Areal in einem kleinen Ort rund zehn Kilometer nordöstlich von St. Pölten wurde parzelliert. Hier sollte eine Passivhaussiedlung entstehen. Erste am Ort war die Familie Schmied, die sich von ah3 architekten ein Passivhaus errichten ließ. Die spezielle Herausforderung: Den schönsten Blick übers Land hat man Richtung Norden, also musste es dorthin Fenster geben. Das Ergebnis: ein so rundum zufriedener Bauherr, dass er den Beruf wechselte und Haustechnikplaner für Passivhäuser wurde.

Den Entwurf des Einfamilienhauses, das einer Skulptur gleich in der sanfthügeligen Landschaft steht, erklärt seine spezielle Lage an einem Südosthang am Ortsrand von Kapelln. Es ist ein vorwiegend von Ackerland und altehrwürdigen bäuerlichen Gebäuden geprägter Landstrich, in den sich das Passivhaus in seiner äußeren Gestaltung fügt. Ein Steinsockel, eine Holzkonstruktion oben darauf und viel Glas – ein Dreiklang in zwei Geschossen, gleichermaßen eigenständig in seiner Formensprache wie Zitat der (Bau-)Geschichte seiner Umgebung. Ein wenig trügt das Bild, denn eigentlich ist die gesamte Energiebilanz des Hauses auch deshalb so ausgezeichnet, weil es insgesamt ein Holzriegelbau mit Massivholzdecken ist, dessen Rohbau innerhalb von zwei Tagen errichtet worden war. Der Steinsockel ist also eine Verblendung, die der Ästhetik der Hülle den letzten Schliff verliehen hat.

Die Schönheit der Landschaft rund um das Haus war eine Herausforderung. Denn der attraktive Ausblick ist nicht jener Richtung Süden, sondern der Richtung Norden. Hier fallen eine Katastralgemeindegrenze und eine Baugrenze zusammen, was nichts weniger bedeutet, als dass dieses Areal in den kommenden Jahren nicht verbaut werden kann. Ungehindert schweift der Blick über weites Ackerland, einen Wald – und zur pavillonartigen Skulptur, die den aus mehr als achtzehntausend Grenzpunkten errechneten Mittelpunkt Niederösterreichs markiert. Diese Sicht aus passivhaustechnischen Gründen zu verhindern, wäre wahrlich eine Tragödie gewesen. Große Glasflächen, heißt es jedoch im Passivhauskanon, habe es nur in Richtung Süden zu geben. Unsinn, meinten das Architekturbüro ah3 aus Horn und der ausführende Architekt Martin Bukovski, Fenster müssen dort platziert werden, wo sich der Ausblick lohnt. So erhielt das Einfamilienhaus in Kapelln also Fenster nach Norden.

Der Grund für diesen Bruch mit den herkömmlichen Leitlinien ist aber auch in Studien zu finden, die besagen, Menschen würden sich in Räumen, die nur von einer Seite beleuchtet werden, nicht freiwillig aufhalten. Hat man die Wahl, bevorzugt man instinktiv einen gut durchleuchteten Raum. Das liegt an den starken Kontrasten, die sich durch einseitige Beleuchtung ergeben: Das Gegenüber ist im schlechtesten Fall nur noch als Silhouette wahrzunehmen, seine Mimik, der Ausdruck seiner Augen, ein kleines Verziehen der Mundwinkel nach oben oder unten ist nicht mehr erkennbar. Sind aber Gesichtszüge nicht mehr zu lesen, fühlt man sich unbehaglich. Diesem Umstand versuchen die Architekten von ah3 in ihren Entwürfen so gut wie möglich Rechnung zu tragen. Behaglichkeit ist schließlich keine Frage technischer Komponenten, bezieht sich nicht allein darauf, ob Temperatur und Luftqualität stimmen, sondern hängt von vielen subjektiven Unwägbarkeiten ab – auch davon, wie man seine Mitbewohner wahrnimmt.

Die Westseite des Hauses dagegen ist weitgehend geschlossen, weil hier die Nebenräume untergebracht, vor allem aber ein Nebengebäude platziert wurde. »Denn«, erklärt Martin Bukovksi, »Nebengebäude gut am Hauptgebäude zu platzieren, hat einen positiven Effekt auf das gesamte Wohngefühl: Wer vor einem Haus auf der grünen Wiese sitzt, fühlt sich

Das Zentrum des Wohnbereichs im Erdgeschoss, das, ungewöhnlich für ein Passivhaus, von allen vier Seiten Licht bekommt, bildet die Kochinsel. Ihr mit Stein verkleideter Korpus zitiert gewissermaßen die Architektur des Hauses.

Die Fassade am Obergeschoss dieses Passivhauses wurde mit sägerauem Lärchenholz verschalt. Es ist dank seinem hohen Gehalt an Öl extrem witterungsbeständig und bekommt mit den Jahren eine edle silbergraue Patina.

schnell einmal einsam oder ausgeliefert. Ein gut situiertes Nebengebäude schenkt Geborgenheit.« So wurde in diesem Haus der Keller gespart und stattdessen ein Wirtschaftstrakt im rechten Winkel neben das Wohnhaus gesetzt. Eine gute Sache insgesamt, denn, ehrlich, wer geht schon gerne in einen Keller? Das Nebengebäude an diesem Haus wird nicht nur zum Lagern und Verstauen – unter anderem von wohlausgewählten Weinvorräten in einem mit Klinkerziegeln verkleideten Weinkeller unter dem Wirtschaftsgebäude – verwendet, sondern auch als Werkstätte.

Die Innenraumgestaltung wurde klar und übersichtlich angelegt und – grosso modo – in drei Bereiche geteilt. Im Steinsockel befindet sich ein großer offener Raum, der von allen vier Himmelsrichtungen Licht bekommt und aus Küche, Ess- und Wohnbereich besteht. Der wohlproportionierte Raum mit den gelben und roten Lehmputzwänden ist dem gemeinsamen Leben gewidmet. Hier kommt die Familie zusammen, hier werden Gäste empfangen und mit feinen Weinen aus dem Weinkeller des Hausherrn bewirtet, hier hat alles seine für jedermann sichtbare Ordnung. Sogar das Haus selbst bekommt nochmals seinen Platz, indem seine Gestaltung im steinernen Sockel der Kochinsel zitiert wird.

Das Obergeschoss dagegen ist vollkommen privat. Um auch hier viel Raum zu schaffen, wurde an leerem Raum gespart: Für den Treppenabsatz wurde eine minimale Fläche beansprucht, gerade groß genug, um oben anzukommen und sofort links oder rechts durch je eine Schiebetür zu verschwinden. Links in den Bereich der Eltern mit großem Schlafzimmer und integriertem Bad sowie einer Sauna, rechts in den Bereich der Kinder mit dem großen Spielzimmer und den beiden kleinen Zimmern, wo jeder der beiden Sprösslinge seinen Rückzugsort zum Schlafen und Lernen hat. Nahezu fünfunddreißig Quadratmeter gehören allein den Kindern. Mit gutem Grund, denn hier dürfen die beiden ungemahnt und ungestraft dem kindlichen, spielerischen Chaos die Herrschaft überlassen, ohne das Ordnungsgefühl der Eltern zu beeinträchtigen. Schließlich gilt die Prämisse, beim Blick auf den Mittelpunkt des Landes das Zentrum des eigenen Lebens so liebenswert wie möglich zu gestalten.

GLÜCKS-ARCHITEKTUR IN TERRASSEN-FORM

Der Architekt Erwin Kaltenegger nützte das steile, in Terrassen abfallende Grundstück in der Nähe von Graz für einen schlichten kubischen Bau. Perfekt gelang die Organisation des Interieurs, das viel Platz für das Beisammensein der Familie bietet, aber auch großzügigen Raum zum Arbeiten und Refugien für Privatsphäre. Protagonist ist überall die Landschaft der Umgebung.

Ein steiles, in Terrassen zum Waldrand hin abfallendes Grundstück in der Nähe von Graz hatte es Lydia und Harald Eisenberger angetan. Hier ließen sie sich ihr Passivhaus bauen – zum Leben und zum Arbeiten, als Rückzugsort von einem anstrengenden Alltag und als Treffpunkt für Freunde und Familie. Ein Haus zum Glücklichsein eben.

Harald Eisenberger hat in seinem Leben als Fotograf bereits unzählige Häuser und Wohnungen abgebildet. Teure und edle Dachgeschossausbauten, Künstlerateliers, venezianische Palazzi, russische Datschas, Maisonetten und Gartenhäuschen. Immer wieder kamen ihm auf diesen Reisen durch die Wohnwelten auch Passivhäuser vor die Linse. Und sie faszinierten ihn zunehmend. Das Wohngefühl, die immer frische Luft, die gleichmäßige wohlige Wärme im Winter und die Kühle im Sommer, für die keine Klimaanlage notwendig ist. Als vor gar nicht allzu langer Zeit die Frage im Raum stand, wie der Fotograf mit seiner Familie in Zukunft leben wollte, fiel die Entscheidung sehr schnell: in einem Passivhaus. Die Verwirklichung war ebenfalls eine leichte Übung, denn Erwin Kaltenegger, Architekt aus Passail in der Steiermark und Vorreiter auf dem Gebiet energieoptimierten Bauens mit hohem ästhetischem Anspruch, ist ein alter Freund. Bei solchen Präliminarien ist es eigentlich kaum verwunderlich, dass das Haus, in dem Lydia und Harald Eisenberger mit ihrer kleinen Tochter mittlerweile leben, eines ist, das die drei in jeder Hinsicht glücklich macht.

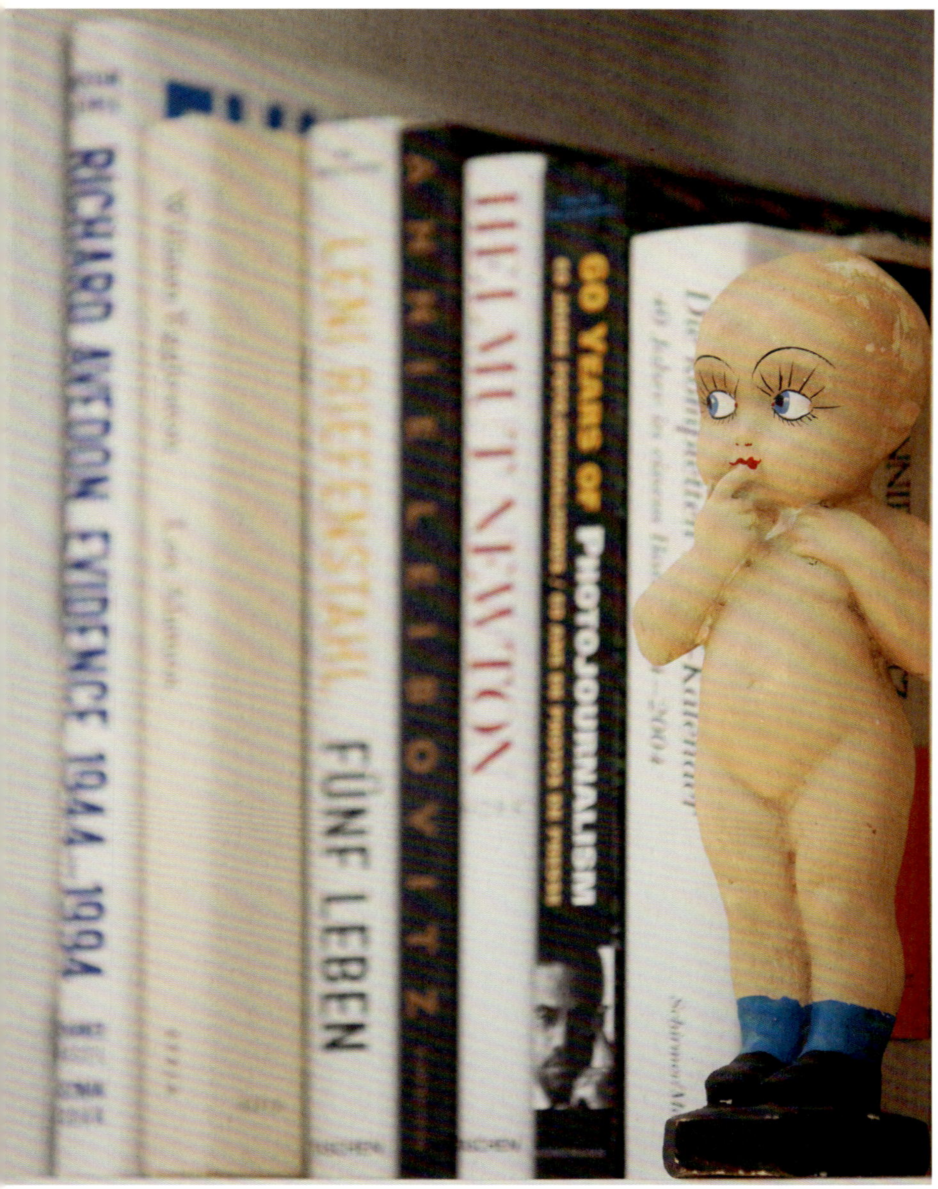

Man könnte nun mit der Beschreibung dessen, was an diesem Haus beglückend ist, ganz unten beginnen. Oder ganz oben, beim Eingang. Doch es wäre nicht dieser Architekt, hätte er nicht gleich ein paar Bereiche geschaffen, wo man bei jedem einzelnen Acht geben muss, nicht ständig und schon wieder in Begeisterungsbekundungen auszubrechen. Die Terrasse zum Beispiel, die im ersten oder im zweiten Geschoss (ganz wie man will, es ist schließlich ein in den Hang gebautes Haus) im rechten Winkel aus der West- und aus der Südseite des markanten weißen Würfels herauskragt. Der Blick ist wunderschön, die jungen Laubbäume am Waldrand wiegen sich im leichten Wind, es duftet nach saftiger Sommerwiese und irgendwoher auch nach Lavendel. Ein schwerer Holztisch steht vor der großen Terrassentür und dahinter eine Bank an der sonnenwarmen Hauswand. Lydia und Harald Eisenberger sind geübte Gastgeber und versorgen den Besucher mit einem perfekt gemixten Aperol-Spritz. Doch eigentlich käme man auch ohne Drink aus – hier, unter der Markise am Tisch, den Rücken an das Fenster gelehnt.

Hinter der Terrassentür liegt ein großer Wohnraum. Und natürlich, man ist neugierig und sieht sich gern um. Mit Berechtigung – das anthrazitfarbene Sofa steht in Blickrichtung Terrasse, der dunkle zyklamfarbene Teppich changiert in seinen Nuancen mit dem Lichteinfall, und wenn man sich losreißt vom schlichten Raum, wo der Wohn- in den Essbereich übergeht, bevor man seine Nase gespannt in ein paar Töpfe auf der Kochinsel stecken kann, und sich von Lydia auf den schmalen Teil der Terrasse führen lässt, dann weiß man auch, woher der Lavendelduft vorhin kam. Hier, auf diesem schmalen langen Holzdeck stehen sie, die Töpfe mit Lavendel und den Gewürzpflanzen, die die Luft rund um das Haus parfümieren.

Westseitig bildet die große Terrasse mit dem Esstisch eine selbstverständliche Erweiterung des Interieurs. Die Markise schützt nicht nur vor zu viel Sonne, sondern manchmal auch vor einem sanften Sommerregen. Ein Kraftplatz, an dem sich nach dem manchmal aufreibenden Alltag neue Energie schöpfen lässt.

Küche, Ess- und Wohnbereich gehen ohne Grenze ineinander über und sind nur durch entsprechende Möbel strukturiert. Über die ganze Länge dieses Raums erstreckt sich eine schmale Terrasse. Blickfang über dem Esstisch ist Ingo Maurers wunderbar witzige Pendelleuchte aus der Serie mit dem bezeichnenden Namen »Zettel'z«.

PICASSO

Im Geschoss darunter, angenehm beschattet von der Terrasse oben, liegt das weitläufige Atelier. Von hier werden sie also verschickt, die Traumbilder, aus denen sich Traumbücher machen lassen. In diesem Raum ohne falsche Zier, der mit einem langen Arbeitstisch und einem Schreibtisch auskommt, mit Arne Jacobsens Swan Chair und einer viel bewunderten Bodenleuchte, die der Hausherr selbst entworfen hat, als Blickfang, lässt es sich gut arbeiten. Kreativität braucht Nahrung. Hier bekommt sie diese, aus der Stille, aus dem Licht und dem Ausblick und – schnöde Technik – aus der frischen Luft, die dem Hirn immer genug Sauerstoff für neue Ideen liefert.

Ganz oben im letzten Geschoss haben sich Lydia und Harald Eisenberger ein schlichtes Schlafzimmer und ein großes Badezimmer eingerichtet. An verbauten Quadratmetern hat man hier gespart und stattdessen eine weitläufige Dachterrasse geschaffen. Noch ist sie roh und der gestreute Kies beleidigt die empfindlichen Fußsohlen. Doch bald soll ein Holzbelag da hinauf und ein Whirlpool in die Westecke. Dann kann man im warmen Wasser liegen und Sternschnuppen zählen. Vielleicht sollten sich die beiden mit dieser Verwirklichung noch ein bisschen Zeit lassen. Der Mensch verträgt Glück nämlich nur in begreifbaren Portionen.

PRÄZISE LINIENFÜHRUNG

Das in Massivbauweise errichtete Passivhaus in Gerasdorf bei Wien wurde nach den strikten Vorgaben des Passivhausinstituts in Darmstadt errichtet und von diesem auch zertifiziert. Die spezielle Zutat zur klaren Architektur des Wohnhauses besteht in einem Anbau aus Lärchenholz, der unten vor ungewollten Einblicken abschirmt und oben ein großzügiges Sonnendeck bereithält.

Ein Passivhaus mit dem Anspruch zu bauen, den strikten Vorgaben des Passivhausinstituts in Darmstadt zu entsprechen, bedeutet eine komplexe Aufgabenstellung. Zumal daran der ästhetische Anspruch keinesfalls scheitern darf. Dem Architekten Thomas Abendroth ist es mit konzentrierter Kompromisslosigkeit gelungen.

Kompakt im Sockel, semitransparent oben: Exakt wie der Kubus des Wohnhauses selbst wurde auch der hölzerne Anbau ausgeführt. Wie aus zartem und doch widerstandsfähigem Stoff gemacht legt sich das »Kleid aus Lärchenholz« um das Sonnendeck.

Auf den ersten Blick ist es simpel, ein schlichter weißer Quader, die perfekte Ausführung eines zweigeschossigen Passivhauses ohne Fenster an der Nordseite. Auf den zweiten, genaueren Blick werden die ersten Feinheiten im kompakten Baukörper offensichtlich: die Korrespondenz der Fenster- und Türformen zum Beispiel. An der Ostseite sind die Fenster oben annähernd quadratisch, die einzelne Glastür unten hochrechteckig. An der breiten Südseite wurde dieses Gestaltungsdetail umgedreht, die schmalen Fenster oben scheinen in den Himmel zu streben, die ausladenden Türen unten geben Bodenhaftung, verankern optisch.

Neugierde aber weckt schließlich der Anbau, der das letzte Eckchen der fensterreichen Südseite des Einfamilienhauses und die gesamte westliche Front einnimmt. Diese architektonische Zutat, wie der Architekt Thomas Abendroth diesen hölzernen Flügel nannte, erfüllt eine ganze Reihe von Aufgaben. Sie schirmt das Haus gegen neugierige Blicke von der Straße her ab, dient zu einem Teil als Carport, zum anderen als Eingangszone in das Innere des Passivhauses.

Das Herz dieses Anbaus aber liegt auf seinem Dach, das als großzügige Sonnenterrasse mit semitransparenter Umrandung seine unumschränkte Wohlfühlfunktion in jeder Hinsicht erfüllt. Sie spendet Schatten und zeichnet grafische Linienmuster auf die Westfassade, wenn die Sonne tief steht. Hier heroben hat die Familie, für die Thomas Abendroth dieses bestechend simple Zuhause errichtete, ihren luftigen Freiraum – mitten im Duft der sägerauen Lärchenbretter und der Rosen, die unten an der Basis des hölzernen Anbaus wachsen. Im Sommer sind sie ein vielfarbiger Blickfang, der die strenge Linienführung der exakt verlegten Holzlatten spielerisch auflöst.

Ebenso logisch, doch in Anbetracht der kompakten Hülle überaus luftig zeigt sich das Interieur. Die Treppe, die das Erdgeschoss mit dem Obergeschoss verbindet, verläuft an der Nordseite des Hauses. Hier, wo es keine Sicht nach draußen gibt, ist alles reine Funktionalität. Das Erdgeschoss besteht aus einem großen Raum, einem fließenden Kontinuum aus Küche, Essbereich und Wohnzimmer. Drei Glastüren – eine an der Ost-, zwei an der Südseite – führen auf ein Terrassendeck, für das der hölzerne Anbau als Sichtschutz dient. Logik herrscht im Raum, in dem alle funktionalen Bereiche schlicht und glatt gehalten wurden, um der Behaglichkeit mit den roten Möbeln und dem wunderbar vollgefüllten großen Bücherregal nichts an Aufmerksamkeit vorzuenthalten.

Im oberen Geschoss verbindet eine schmale Diele parallel zur Treppe die südseitig gelegenen Schlafräume und das Badezimmer und mündet schließlich – Finale grande eines ruhigen Verlaufs – im Sonnendeck, dem Dach des Lärchenholzflügels.

Es ist ein ruhiges Haus, das Thomas Abendroth für die Familie Zabrodsky errichtet hat, das durch seine kontemplative Präzision ebenso besticht wie durch das, was seine Bewohner ihm an Leben eingehaucht haben.

»Ein Raum ohne Bücher ist wie ein Körper ohne Seele«, schrieb der römische Politiker und Philosoph Cicero, und man gibt ihm von Herzen recht. Ein bequemer Lehnsessel wie dieser, die Bücher in Reichweite und zum Nachdenken der Blick auf die üppige Vegetation im Garten. Das ist die »Kunst, daheim zu Hause zu sein«.

WORK IN PROGRESS

Der Wohnraum – er ist höher als alle anderen Räumlichkeiten des Hauses, weil man hier, um sich wohlzufühlen, mehr Volumen benötigt – führt niveaugleich auf die Terrasse, die Terrasse in einen steil abfallenden Garten. Das beste Aushängeschild der Architektin Barbara Gastgeber-Possert ist ihr Passivhaus, das sie für sich und ihre drei Kinder innerhalb eines halben Jahres entworfen und gebaut hat. Inklusive arbeitsaufwendigen Sonderwunsches.

Was macht eine Architektin, die kaum ein Jahr Zeit für die Planung und den Bau des eigenen Hauses hat? Für die eine dem Wohlbefinden zuträgliche Funktionalität beim Hausbau das Nonplusultra ist und die in ihrer Planung berücksichtigt, dass zwei ihrer drei Kinder schon fast erwachsen sind und deshalb über kurz oder lang eigene Wohneinheiten brauchen werden? Und die dabei noch einen Sonderwunsch hat, für den ein paar Spezialkonstruktionen notwendig sind? Sie lässt sich nicht beirren. Und baut das ideale Haus für sich und ihre Kinder.

Ein Passivhaus, praktisch, variabel und funktional – das waren die Prämissen, mit denen sich die Architektin Barbara Gastgeber-Possert an den Zeichentisch setzte und ihr Haus am Hang plante. Wohnraum für alle musste geschaffen werden, sodass sich jeder zurückziehen kann und so, dass Teile des Hauses in absehbarer Zukunft gut abgetrennt werden können. Denn zwei der Kinder sind bald erwachsen und werden ihre eigenen Wohnungen brauchen. Wenn sie ausziehen, so die berechtigte Frage, was macht dann die Hausherrin mit hundertachtzig Quadratmetern Wohnfläche? Teilen und Appartements für jeden schaffen, das ist die Lösung gegen Platzverschwendung. Doch das muss in die Planung einbezogen werden, vor allem in die technische.

Die größte Herausforderung beim Planen und Bauen aber war nicht diese vorausschauende Funktionalität, sondern der Kachelofen, den Barbara Gastgeber-Possert haben wollte. Unter allen Umständen. Da wurde nicht nach Notwendigkeiten gefragt, die hier vollkommen ohne Belang sind. Die Architektin, die ihre eigene Bauherrin und ihre eigene Bauleiterin war, braucht den Kachelofen für die Seele. Manchmal, wenn die Stunden zäh und schwierig sind, dann ist der Kachelofen der beste Freund und die beste Freundin in einem. Besser als jede Vernunft, die, wenn es wirklich hart ist, ohnehin kaum in die Seele vordringt. Das vollbringt stattdessen ein warmer Kachelofen. Also musste einer gebaut werden, auch wenn die Regel der Fachleute bislang lautete: Passivhaus und Kachelofen sind vollkommen inkompatibel. Barbara Gastgeber-Possert entwickelte ein gesundes Maß an Starrköpfigkeit, setzte sich mit dem Ofenbauer Jürgen Rajh zusammen und entwickelte mit ihm den Prototypen für eine sogenannte »Heizkiste«, die den Prinzipien des Passivhauses entsprechen sollte.

In Rajh hatte sie den richtigen Partner gefunden. Er verstand das Bedürfnis der künftigen Hausbesitzerin nicht nur, er wurde auch ihr kongenialer Begleiter durch einen Dschungel aus Zahlen und Energiewerten, in dem die beiden das Wesentliche – Behagen und Ästhetik – nie aus dem Blick verloren. Dritter in diesem verschworenen Bund der Experimentierwilligen war die Firma Drexel und Weiss, Vordenker und Pioniere für Passivhaustechnikkonzepte. Die technische Lösung war schließlich eine Metalltasche, die im Kachelofen platziert wurde. Die Zuluft wird nun, wenn der Kachelofen eingeheizt ist, durch diese Metalltasche geführt, erwärmt und dann durch das gesamte Haus geschleust. Auf diese Weise besteht einerseits keinerlei Gefahr, dass sich der Wohnraum überhitzt, andererseits wird die Wärme des Ofens für alle Räume in den beiden Geschossen genützt. Sauerstoff bekommt das Feuer, das vom Vorhaus aus angezündet wird und durch ein schmales Fenster zwischen den rotbraunen Kacheln auch sichtbar ist, ebenfalls über die Wohnraumbelüftung: Bevor die Abluft das Haus verlässt, wird mittels elektrisch gesteuerter Klappe eine Abzweigung zum Feuerraum geöffnet. So wird auch die verbrauchte Luft sinnvoll verwendet.

Die Erkenntnis, dass Passivhaus und sehr gut gedämmter Kachelofen (damit er nicht zu viel Wärme abstrahlt) nicht nur sehr wohl kompatibel sind, sondern außerdem einem Zuhause wohliges Behagen verleihen, nützt Barbara Gastgeber-Possert nun auch für ihre Kunden. Niemand, sagt sie, bekommt von mir ein Haus ohne Heizung. Zwar braucht ein Passivhaus tatsächlich keine, dennoch hält sie es für freundlicher, dem menschlichen Empfinden zuträglicher, wenn es an eiskalten Wintertagen, wenn der Schnee knirscht und der Wind pfeift, möglich ist, auch einmal vierundzwanzig Grad im

Die aneinandergereihten Kuben, einer eingeschossig, einer zweigeschossig, wurden von vornherein so geplant, dass sie ein hohes Maß an Flexibilität bieten: Sobald sich die Notwendigkeit ergibt, kann die Architektin ein bis zwei Einliegerappartements vom Gesamtvolumen trennen. Die »Kommandozentrale« Küche und vor allem der Kachelofen im Wohnbereich bleiben dann dennoch für alle das wärmende Feuer im Zentrum dieses Passivhauses.

Noch wartet die Terrasse auf ihre gläserne Brüstung. Doch weitaus wichtiger als diese war der Architektin und Bauherrin in Personalunion der Kachelofen, für den sie gemeinsam mit dem Ofenbauer Jürgen Rajh einen passivhaustauglichen Prototypen entwickelte.

Badezimmer zu haben. Wie gesagt: Zahlen haben ihre Berechtigung, aber wenn es ums Wohlfühlen geht, sollte ihnen nicht zu viel Macht eingeräumt werden.

Barbara Gastgeber-Possert, Architekturschaffende und alleinerziehende Mutter von drei Kindern, hat das Hanggrundstück im Grazer Stadtteil Andritz, das ihr nach langem Suchen letztlich in die Hände gefallen ist, optimal genutzt. Es entstanden ein zweigeschossiger Bauteil an der Flanke des Hangs und ein eingeschossiger Flügel auf seiner Kuppe. In einem Teil sind die Privatbereiche untergebracht, zu denen die drei Kinderzimmer – sie haben, sehr demokratisch, alle die gleiche Größe – und der Wohnbereich der Bauherrin inklusive des eigenen Badezimmers zählen, sowie das Büro. Oben thront das Herz des Hauses, ein rund fünfzig Quadratmeter großer Raum, wo sich Küche, Essbereich und die Wohnebene mit dem Kachelofen befinden. Dank einer Stufe in diesen Wohnbereich wird die großzügig angelegte »Piazza« nicht nur strukturiert, sie wird zum Raum im Raum, ohne dass eine Tür notwendig wäre. Von hier geht es hinaus auf die Terrasse, von der aus die Neigung des Hanggrundstücks wieder offensichtlich wird: Der Hang fällt direkt vor der Terrasse steil ab. Noch fehlt die Überdachung, und auch die Glasbrüstung muss, bis sie installiert wird, noch ein wenig warten. Barbara Gastgeber-Possert hat ihr Haus innerhalb von drei Monaten geplant und in knapp einem halben Jahr gebaut. Da bleibt so manches »work in progress«, vor allem wenn man seine eigenen Prioritäten kennt. Und die hießen bekanntlich nicht Glasbrüstung oder Terrassenüberdachung, sondern eben Kachelofen.

MULTI-FUNKTIONALITÄT IN IDEALFORM

In zwei Teilen wurde das Passivhaus an der Hohen Wand errichtet: Der große, zweigeschossige Kubus mit der Galerie im hinteren, nördlichen Bereich dient als Wohn- und Seminarbereich; im kleineren, im rechten Winkel angebauten eingeschossigen Flügel wurden der Schlafbereich und das Badezimmer eingerichtet. Beide Bauteile nützen die südseitige Sonneneinstrahlung – und ihre Bewohner die schöne Aussicht auf die freundliche Landschaft der Neuen Welt.

Die Hohe Wand schützend im Rücken, die Neue Welt vor Augen – ein Passivhaus für Visionäre, das mit einer neu entwickelten Technologie errichtet wurde und seinen Besitzern genau das bietet, was sie haben wollten: ein Haus, in dem der Raum je nach Bedarf gemeinschaftlich oder intim sein kann. Und das ganz ohne trennende Wände.

Anita Rainer und Günter Scheer sind beide – im weitesten Sinn – Unternehmensberater. Weite Gedankenhorizonte, vielfältige Weiterbildungen ohne Berührungsängste und das Bewusstsein, dass Neues nur entsteht, wenn man das Leben wagt, ließen vor ein paar Jahren ein gemeinsames Lebensprojekt entstehen: ein »Visionsraum« als Ort zum Austauschen und Lernen, zum Suchen und zum Finden, ein Ort, an dem klassisches Coaching und lösungsorientierte Beratung ebenso Platz finden wie systemische Aufstellungsarbeit, Meditation, schamanische Rituale oder Trommelreisen. Dafür den richtigen Platz zu finden und dann auch das richtige Dach über dem Kopf zu schaffen, war eine besondere Aufgabe.

Das Grundstück hatten die Bauherren gefunden: einen alten Kraftplatz in Niederösterreich, perfekt am Hang gelegen, sodass man im Rücken Schutz und nach vorne hin den notwendigen Weitblick hat. Schwieriger war die Sache mit dem richtigen Architekten. Anita Rainer und Günter Scheer, das Paar, das ein Lebensprojekt verwirklichen möchte, wollte weder einen Architekten noch eine Architektin, sie wollten ein Architektenpaar. Anima und Animus, Yin und Yang müssen einander die Waage halten. Das ist keine Frage von Rollenklischees, sondern eine des Bewusstseins über das ausgewogene Gleichmaß der Dinge. Die Bauherren fanden ihre Architekten in Georg W. Reinberg und Martha Enríquez-Reinberg, die wie auch ihre Auftraggeber als Ehepaar eng zusammenarbeiten.

Offenbar gibt es so etwas wie Affinitäten unter Menschen – Anziehungskräfte, Frequenzen, ein Gleichklang: Die Bauherren waren auf Architekten gestoßen, die auf ihrem Gebiet ebenso visionär arbeiten und vor nicht allzu langer Zeit gemeinsam mit Roland Meingast von der Firma Lopas eine völlig neue Modulbauweise entwickelt hatten, nach der das Seminar- und Wohnhaus nun errichtet wurde: Vereinfacht dargestellt entstand es aus passivhaustauglichen, vorgefertigten Wandelementen, deren jedes aus vier Stützen besteht, die außen mit Holz verkleidet werden. Der Hohlraum innen wird mit Stroh gefüllt. Nachdem diese strohgefüllten Holzelemente – die nach den CAD-Plänen der Architekten als Fertigteile hergestellt wurden – schließlich zum Haus zusammengesetzt worden waren, wurden sie draußen und drinnen mit Lehm verputzt. Und um draußen den Lehmputz vor Verletzung und Feuchtigkeit zu schützen, wurde das Ganze nochmals mit Holz verschalt. Ein einziger Kompromiss, erzählt Georg W. Reinberg, musste bei diesem Haus leider eingegangen werden: Seine Frau und er hätten gerne das in dieser Gegend heimische Schwarzkiefernholz zum Verschalen verwendet. Weil aber kein Zimmermann zu finden war, der das Holz vor Ort verarbeiten konnte, war das leider nicht möglich und so wurde mit Lärchenholz verschalt. Ein nicht allzu schmerzhaftes Zugeständnis an die Umstände, denn Lärchenholz zeichnet sich durch einen hohen Ölgehalt aus, was dieses Holz so extrem witterungsbeständig macht.

Das Grundstück mit der Geländekante bot sich für einen Entwurf an, der diese geologische Gegebenheit einbezog. Die Architekten stellten das Haus von den ersten Skizzen an direkt auf die Kante, indem sie unten einen Sockel als Keller errichteten, auf dem das Seminar- und Wohnhaus ruht. Eine Terrasse kragt weit über den Sockel hinaus, verbirgt ihn gleichsam und gibt dem schlichten Kubus oben durch seine Rahmenwirkung optisch Halt.

Drinnen ist der große Raum ein Wunder an Luftigkeit, an Höhe und Helligkeit. Ungehindert strömt das Licht hinein, nirgendwo muss man darauf verzichten. Darauf haben sowohl die Bauherren als auch die Architekten ganz speziell ihr Augen-

Auf Ruhe, konzentrierte ebenso wie entspannte, wurde bei der Gestaltung dieses Passivhauses in jedem Detail viel Wert gelegt. Gleichgültig um welche Dimension es sich handelt, ob es um Beleuchtungskörper, Terrasse oder Schwimmteich geht: Den Bauherren war es überaus wichtig, die Kraft des Ortes durch den Bau zu maximieren. Wie klug die Architekten Georg W. Reinberg und Martha Enríquez-Reinberg diese Aufgabenstellung zu lösen wussten, bewiesen die Gegenchecks von Geomantik- und Feng-Shui-Fachleuten, die überaus positive Resultate ergaben.

Gemeinsam kochen ist ein wesentlicher gruppendynamischer Vorgang, den Anita Rainer und Günter Scheer auch für ihre Seminare und Schulungen nützen. Über der Küche wurde auf der Galerie ein Büro eingerichtet. Beide Bereiche liegen ganz hinten im zweigeschossigen Bauteil, müssen aber dank der offenen Gestaltung nicht auf das Licht, das durch die großzügige Verglasung einfällt, verzichten.

Eine Badewanne, in der man sich wie in einer Wiege fühlen kann: Die freundliche ovale Form schmeichelt nicht nur der Optik, sondern auch dem Körper, der sich hier im wohlig warmen Wasser mit einem schönen Ausblick in die Landschaft entspannen kann. Selbst wenn Seminarbetrieb herrscht, können sich die Bewohner hierher zurückziehen und bleiben ungestört.

merk gelenkt: Anstatt im hinteren Bereich dieses über zwei Geschosse in die Höhe strebenden Interieurs kleinere Bereiche abzutrennen, wurden notwendige Strukturen durch offene Lösungen erreicht. Eine Galerie trennt im hinteren Grund des quaderförmigen Hauptteils des Hauses ein Studio oben und eine Küche unten. Auch sie haben trotz nun geringerer Raumhöhe Teil an dem ungewöhnlich großzügigen Raumvolumen. Gleichzeitig lässt der Blick auf diese geteilte Höhe das mögliche Gefühl von Verlorenheit in zu viel Raum schwinden. Man nimmt auf einen Blick wahr, dass man hier jede Möglichkeit hat: jene des Rückzugs und der Geborgenheit, die der Weite und – unterstützt noch durch den weiten Blick in die Landschaft durch die hohen Fenster – der Grenzenlosigkeit. Alles ist möglich, scheint dieses Haus zu sagen, vertrau dich mir nur an!

An den großen Kubus wurde noch ein kleinerer gestellt, in dem sich das Badezimmer und das Schlafzimmer befinden. Hierher können sich Anita Rainer und Günter Scheer auch dann zurückziehen, wenn im großen Gebäudeteil Seminare stattfinden. Sind gerade keine Gäste da, wird alles bewohnt.

Die fachliche und, nicht zu unterschätzen, auch die intuitive Klugheit der Architekten wurde während der Finalphase des Baus unter Beweis gestellt, als die Bauherren ihr Haus nochmals geomantisch und nach Feng-Shui-Prinzipien überprüfen ließen. Nichts mehr, so stellte sich heraus, musste verändert werden, lediglich optimiert wurde da und dort. Die Arbeit der Architekten wurde hundertprozentig bestätigt, der Blick auf die Neue Welt auch in einem metaphorischen und jedenfalls im besten Sinn erreicht.

Körper, Seele und Geist zumindest streckenweise in Einklang zu bringen und so Lösungen für herausfordernde, oft schwierige Situationen zu finden, ist ein Ziel der Seminarinhalte von Anita Rainer und Günter Scheer. In ihrem Passivhaus bieten sie dafür unter anderem auch schamanische Trommelreisen an.

BAUHAUS RELOADED

Einschnitte, Bügel und ein herauskragender Erker an der Südseite – außergewöhnliche Architektur, das zeigt sich hier, hat nichts mit der Höhe des zur Verfügung stehenden Budgets zu tun. Denn die Aufgabenstellung bei diesem Passivhaus lautete, in einem relativ engen Kostenrahmen zu operieren und dennoch keine simple »Kiste« in die Landschaft zu pflanzen, sondern ein nicht alltägliches Einfamilienhaus für drei Personen mit Pool zu errichten. Unkonventionelle Bauherren und das flexible Team von active-SUNCUBE haben die Wünsche erstaunlich kreativ realisiert.

Ein Haus wie eine Skulptur. Ausladende Bügel, die sich ins Ambiente strecken und seinen Rahmen bilden, ein kleiner Erker mit schmalen hohen Fenstern, der wirkt, als hätte er sich aus eigenem Antrieb an der Fassade verankert, davor ein Pool, der verspielte Reflexe auf das schlichte Weiß zaubert. Langweilige Architektur, so viel ist sicher, ist das nicht.

Gewohnt wird in diesem Haus auf zwei Ebenen, die insgesamt rund hundertdreißig Quadratmeter umfassen. Unten befinden sich Küche, Ess- und Wohnbereich, oben zwei Schlafzimmer und ein großzügiges Bad. Vom kreativen Chaos des jüngsten Bewohners des Hauses bleiben die gemeinsamen Räumlichkeiten und auch der Privatbereich der Eltern jedenfalls ganz unberührt.

Die Aufgabe, die Petra Krause ihrem Planer Dieter Tscharf von active-SUNCUBE stellte, war so einfach wie schwierig zu erfüllen: ein Einfamilienhaus mit idealen Passivhauskennwerten für drei Personen, die ausreichend Raum zum Wohnen haben wollten. Die Architektur sollte nicht konventionell sein, sondern ein wenig staunen machen, und ein Pool sollte sich ebenfalls ausgehen. Petra Krause wusste also, was sie wollte, und hatte für die Verwirklichung ihrer Wünsche ein fixes, nicht besonders hohes Budget zur Verfügung, das keinesfalls überstiegen werden durfte.

Was die Bauherrin und ihre Familie bekamen, ist ein Spiel mit dem Würfel, der Idealform eines Passivhauses, ein Haus, das aus Modulen zusammengesetzt zu sein scheint und doch eine Einheit bildet. Ein Zuhause alles in allem, das wie eine kubistische Skulptur wirkt und dennoch einladend ist und neugierig macht auf das Interieur.

Nicht länger als fünf Monate hat es gedauert, bis dieser klassische Ziegelbau fertiggestellt war. Ein kleines Wunder, wenn man nicht nur die zeitaufwendige Bauweise ins Kalkül zieht, sondern auch die unvorhergesehenen Schwierigkeiten mit einrechnet: Während der Erdarbeiten entdeckte man, dass das Grundstück aufgeschüttetes Gelände war, womit das Fundament mehr Aufwand und mehr Budget verschlang als berechnet. Dennoch ging sich letzten Endes alles aus, wurden alle Wünsche erfüllt – inklusive Pool mit Steinbegrenzung an einer Seite, die mit dem Wohnbau korrespondiert, und einer großzügigen Terrasse, deren Holzbelag den Pool ebenfalls einbezieht in das architektonische Gesamtkonzept.

Das Interieur des Hauses, rund hundertdreißig Quadratmeter auf zwei Ebenen, wirkt größer, als es ist. Zum einen liegt das an der klugen Aufteilung, zum anderen an den Glasflächen, die die Grenzen zwischen drinnen und draußen durchlässig machen. Ein wesentliches Element ist aber auch der dunkle hochglänzende Boden, der Möbel, Einbauten und Licht mit sanften Korrekturen widerspiegelt und zugleich einen kraftvollen Kontrast zu den weißen Wänden und zum üppigen Grün der Pflanzen setzt. Unaufdringliche Extravaganz mit erstaunlichen Effekten.

Das Erdgeschoss wird fast vollständig von einem Raumkontinuum aus Küche, Ess- und Wohnbereich eingenommen. Keine unnötigen Wände verhindern hier die Kommunikation oder verstellen die Sicht und nehmen das Licht. Eine massive Säule gibt dem Auge Halt und lässt Strukturgrenzen erkennen. Das schlichte schwarze Ledersofa ist mächtig, dank des dunklen Bodens, mit dem es optisch eine Einheit bildet, aber nicht dominant und klar auf die Hi-Fi-Wand mit dem großen Bildschirm ausgerichtet. Auf der anderen Seite die Küche mit der Kochinsel samt Bartheke und Barhockern. Auch hier, vermittelt das wohlgesetzte Ensemble, hat Kommunikation Priorität. Witziges Detail am Rande: Als Notizzettel für Einkäufe und kurze Nachrichten dient eine schmale Schultafel. Leer zieht sie den Blick mit ihrer dunklen, schiefergrauen Oberfläche an; vollgeschrieben wird sie zu einem Fluxus-Kunstwerk: immer veränderlich, immer anders, nur dem Augenblick, niemals dem Bestehen verpflichtet.

Die rote Säule akzentuiert den Beginn der Treppe in das Obergeschoss. Der untere Treppenverlauf ist noch gemeinschaftlicher Raum, ermöglicht Durchblicke und den Zusammenhang mit dem Wohnbereich. Biegt man um die Kurve, werden die Bereiche privat und intim. Hier herauf kommt nur, wer die Berechtigung dazu hat. Die Abgrenzung wird eindeutig, aber nicht streng durch die Architektur vermittelt. Die Schlafzimmer und das große Bad mit der ovalen Badewanne gehören nur denen, die hier wohnen. Und doch gibt es Zusammenhänge mit dem Erdgeschoss, Durchblicke, die dem Reden miteinander und dem Licht von draußen keine Grenzen setzen.

Einen bemerkenswert starken Eindruck bildet das Ensemble aus schwarzen Möbeln, weißen Wänden, beigen Küchenfronten und der weinroten Säule am Fuß der Treppe. Der fugenlos versiegelte hochglänzende Boden wirkt extravagant und unkonventionell. Wo man üblicherweise eine optische Betonung der Raumhöhe erwarten würde, liegt hier der Akzent auf Tiefe – als würde man auf den Grund eines Sees blicken.

GANZ IN WEISS

Die einzigartige Lage am Göriacher Hang nördlich von Velden am Wörthersee ist an sich schon der Hauptgewinn. Das vom Architekten Gerhard Kopeinig in engem Zusammenwirken mit dem Bauherrn entwickelte dreigeschossige Passivhaus mit den schimmernden weißen Faserzementplatten an der Fassade präsentiert sich als logischer Luxus an diesem unvergleichlichen Ort.

Luxus, wohin man auch blickt: die Ausmaße des Hauses, die verwendeten Materialien, die einmal minimalistischen, einmal verspielt-barocken Möbel, der Pool auf der Terrasse und nicht zuletzt das atemberaubende Panorama. Würde der Betrachter nicht wissen, dass diese Villa tatsächlich bewohnt wird, könnte er sie gut und gerne auch für ein Filmset à la Hollywood halten.

Es war ein weiter Weg, bis Alois Gabriel, Landesdirektor eines großen Finanzberaters, das Haus hatte, das er sich vorstellte. Möglicherweise lag das daran, dass er genau wusste, was er wollte: ein Haus in den Bergen, eines, das das alpine Panorama perfekt einfängt, das groß und repräsentativ ist, gleichermaßen Wohnbehagen und Platz zum konzentriert Arbeiten bietet. Schon die Suche nach dem geeigneten Grundstück dauerte lange, bis er am Göriacher Hang, nördlich von Velden, das richtige fand. Danach kam das Aufspüren des richtigen Architekten. Was der Bauherr wollte, war einer mit Visionen, einer, der seinen – Gabriels – Vorstellungen zu folgen imstande war, der dynamisch und innovativ genug war, um den Hang, den Ausblick auf die Berge und den See mit einem energieoptimierten Bau zu kombinieren. Fünf Architekten sagte der zukünftige Bauherr nach intensiven Gesprächen danke und nein. Mit dem sechsten stimmte die Wellenlänge fast sofort: Gerhard Kopeinig von ARCH+MORE, mit Ateliers in Velden, Linz und Wien, hat von Bauen die gleiche Auffassung wie Alois Gabriel. Um das so weit wie irgend möglich ideale Haus zu schaffen, muss im Vorfeld so viel wie irgend möglich

Grenzen scheint es bei dieser filmreifen Villa, die aber ein Passivhaus ist, nicht zu geben. Auf einem Niveau liegen Wohnraum und Terrasse mit »Infinity-Pool«, von dem man geradewegs in den Wörthersee und weiter in das österreichisch-slowenische Grenzgebirge zu schwimmen scheint. Was hier über dem Pool herausragt, ist kein Trampolin, sondern eine Liege. Sie ist durch ein Scharnier mit dem Tagesbett im Salon verbunden, man kann sie nach Bedarf also einfach von drinnen nach draußen schwenken.

Auf drei Ebenen verteilt sich das ausgeklügelte, ganz dem Panorama angepasste Raumprogramm: Das oberste Geschoss, in dem man das Haus von der Nordseite her auch betritt, birgt den Wohnbereich aus Küche, Speiseraum und Salon; darunter liegen die Schlafräume und Badezimmer sowie in einem herauskragenden Kubus das Büro des Bauherrn, ganz unten befinden sich weitere Büroräume, die Technik und ein Lagerraum.

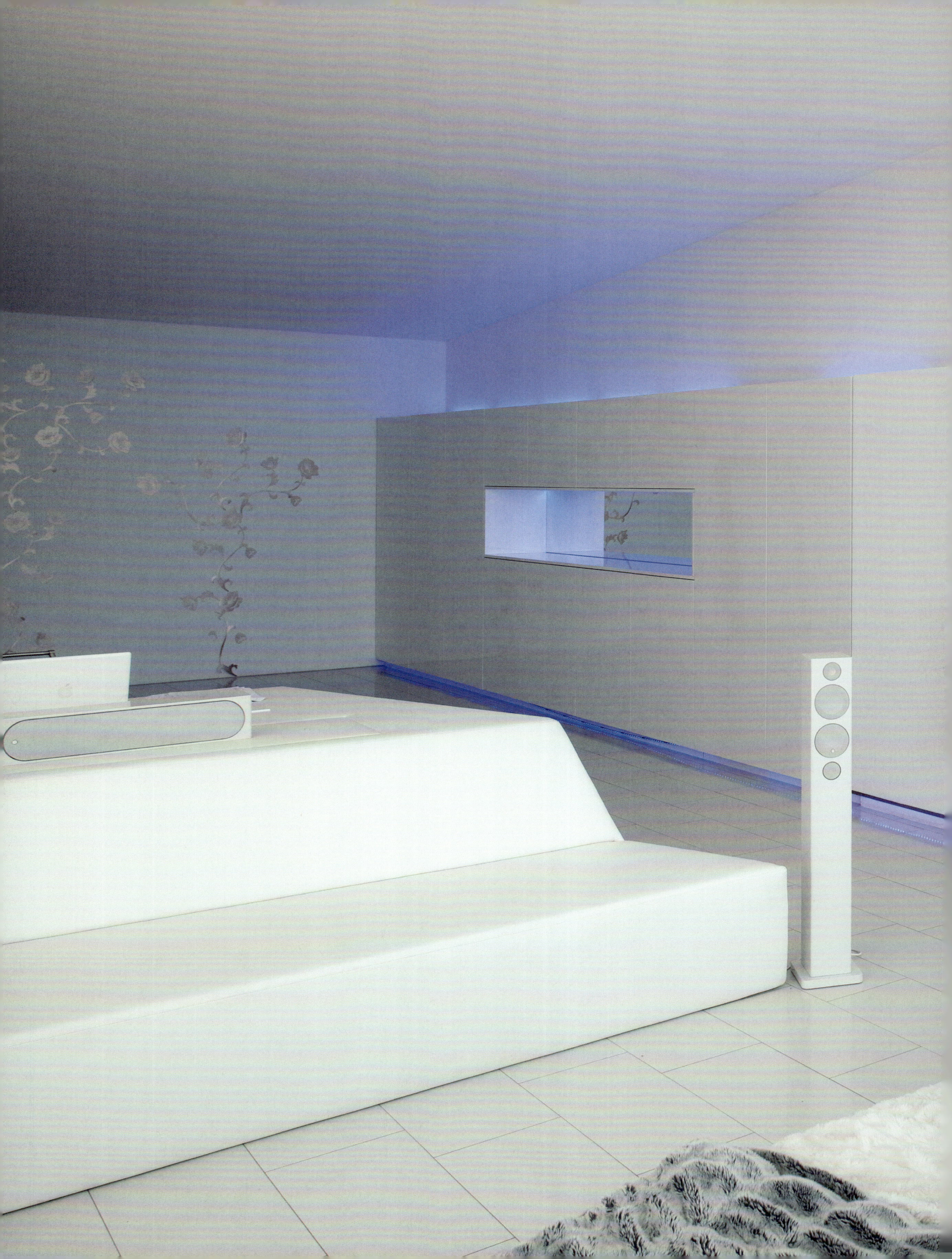

miteinander geredet werden, weil ein Passivhaus zu bauen auf gar keinen Fall mit gestalterischen Kompromissen Hand in Hand gehen darf. So erinnern sich Architekt wie Bauherr an die Planungszeit als eine intensiver Schwerarbeit. Doch die hat sich mehr als gelohnt.

Im Prinzip ist es ein liegendes U über einem trapezförmigen Grundriss, was Kopeinig für dieses Haus schließlich entwickelte. Ein ruhiger Baukörper, der von der Bergseite wie ein eingeschossiger Bungalow wirkt. Von der Talseite ist das Haus abwechslungsreicher, hat Strukturen, offene und geschlossene Bereiche und bleibt dennoch auf das Wesentliche konzentriert. Interesse und Neugier erweckt der Bau von außen trotz seiner Ruhe – die schimmernde Fassade aus Faserzementplatten, das weit auskragende Dach über der Terrasse, die riesigen Glasflächen im oberen Geschoss.

Erst von innen offenbart Alois Gabriels Zuhause all seine Wunder. Schon wenn man das Haus an der Nordseite betritt, wird klar, worum es hier eigentlich geht: um einen der unglaublichsten Ausblicke, die man sich nur denken kann. Die Karawanken im Dunst des Sommertags, davor eine freundliche Kulturlandschaft aus kleinen Wäldchen, rot leuchtenden Hausdächern und der Westbucht des Wörthersees. Je weiter man im Raum in Richtung dieses Panoramas vordringt, je näher man ihm kommt, desto offener wird das Volumen und desto offensichtlicher die Raffinesse der Architektur, die sich sowohl horizontal als auch vertikal zur Südseite hin öffnet.

Unterschiedliche Raumhöhen schenken unterschiedliche Wohngefühle. Hinten ist alles niedriger, geborgener. Hier im Kern des Hauses liegen im Untergeschoss Schlaf- und Badezimmer, eine Sauna, Ankleideraum und Gästezimmer. Oben öffnet sich nach vorne hin der Raum in der Breite und in der Höhe, die einzelnen Glaselemente umrahmen die jeweilige Aussicht. Vom Wohnraum, der knapp hundertsiebzig Quadratmeter misst und zu dem eine offene Küche und der Essbereich zählen, geht es durch die geöffneten Schiebetüren auf die Terrasse. Wem angesichts der Weitläufigkeit, des Panoramas, der Verwendung edler Materialien – darunter überdauernder weißer Marmor für den Fußboden – und des attraktiven optischen Spiels aus minimalistischen und opulenten Möbeln nicht längst der Atem stockte: Die Terrasse mit dem »Infinity-Pool«, dessen Wasser in den Wörthersee zu fließen scheint, raubt einem endgültig den Atem.

Alois Gabriels Villa hoch über Velden beweist in jedem Fall, dass ein Passivhaus die Verwirklichung von Wohnträumen, und seien sie noch so extravagant, nicht im Mindesten einschränkt. Ganz im Gegenteil.

GUT DING BRAUCHT MANCHMAL WEILE

Die Aufgabe von Architekten liegt vielfach vor allem darin, Ideen und Gedanken in Gebäude zu übersetzen. In diesem Fall war es die von den Besitzern durchgeplante Küche, um die das Passivhaus gebaut werden musste. Hermann Proyer, so erzählen Michaela und Franz Fahrafellner, hatte nicht nur viel Einfühlungsvermögen, er verstand es auch, die teils dezidierten, teils noch nicht ganz ausgegorenen Wünsche der Bauherren in eine Architektur zu transferieren, die gleichermaßen kühn und bodenständig ist.

Bis Michaela und Franz Fahrafellner endlich ihr Haus hatten, und zwar so, wie es funktionell und ästhetisch ihren Vorstellungen entsprach, mussten sie einen langen Weg gehen und sich in viel Geduld üben. Doch letzten Endes hat es sich ausgezahlt, und was sie heute haben, ist viel besser, als sie es sich je hätten ausdenken können.

Rot, rosa, gelb, hellblau, grün und lila sollte das Haus nach Ansicht Magdalenas, der viereinhalbjährigen Tochter von Michaela und Franz Fahrafellner, sein. Die Fassade aus Lärchenholz, kontrastiert von perlweißen Eternitplatten, ist ihre Sache nicht. Bunt, das wäre das Richtige. Die Eltern nehmen die Wünsche der jungen Dame gelassen und erklären ihr, dass es doch stattdessen die vielen bunten Blumen im Garten gebe, die Kletterrosen und die Lilien, den Rittersporn und die Margeriten. Magdalena hebt resignierend die Schultern und gibt sich mit der Erklärung erst halbwegs zufrieden, nachdem sie noch einmal dezidiert kundgetan hat, dass sie sich später ein buntes Haus bauen wird. Gemessen daran, welch weiten Weg ihre Eltern zurückgelegt haben, bis sie ihr passendes Haus hatten, vielleicht gar keine schlechte Idee, mit dem Planen schon ganz früh zu beginnen.

Der Weg zum eigenen Haus der Familie Fahrafellner war nicht nur lang, er war zeitweilig auch sehr beschwerlich. Schon der Grundstückskauf war eine Meisterleistung in höherer Diplomatie. Als die Fahrafellners nach längerem Suchen diesen herrlichen Südhang in Rohrbach im niederösterreichischen Gölsental gefunden hatten, stellte sich nämlich heraus, dass er einem eigenbrötlerischen Bauern gehörte, der weder von den Menschen im Allgemeinen noch von der gegenwärtigen Gesellschaft im Speziellen eine besonders gute Meinung hatte. Ihn zu überzeugen, den Hang mit dem unverbaubaren Blick auf das Voralpengebiet zu verkaufen, bedurfte vieler Stunden existenzphilosophischer Gespräche und eines klugen Abwägens zwischen Widerspruch und Zustimmung. Franz Fahrafellner hat schon nicht mehr daran geglaubt, dass der Besitzer den Kaufvertrag doch noch unterschreiben wird.

Dass der Hausbau selbst dann ähnlich kompliziert werden würde, hätte das Ehepaar nicht vermutet. Was sie wollten, wussten sie in vielen Details längst ganz genau. Zum Beispiel die perfekte Küche, von der vor allem Michaela Fahrafellner klare Vorstellungen und die sie inklusive Maßen, Materialien und Speisekammer bereits im Detail durchgeplant hatte. Doch, was nützt die Küche, wenn das Haus drumherum noch fehlt. Franz Fahrafellner, Tischlermeister und Fachlehrer an der Berufsschule in Pöchlarn, wusste genug über Holz und über technische Möglichkeiten, um zumindest ein Niedrigenergiehaus zu wollen. Also machten sich die beiden auf den Weg, pilgerten von Fertigteilhausanbietern zu Architekten und wieder zurück – und waren wohl manchmal der Verzweiflung nahe, weil die Anbieter von Fertigteilhäusern technisch noch im tiefsten zwanzigsten Jahrhundert steckten und die Architekten den fahrafellnerschen Vorstellungen von Funktionalität und Ästhetik zu folgen offenkundig nicht in der Lage waren. Einen ersten Lösungsansatz fand Michaela Fahrafellner bei ihren intensiven Internetrecherchen in der Datenbank der IG Passivhaus. Hier fiel ihr das neue Zuhause des Architekten Hermann Proyer ins Auge, ein Haus, das ihr gefiel und das

Er bildet den Kontrapunkt zur klaren, geometrischen Linienführung des Holzriegelbaus: der Kamin im Wohnbereich. Auch wenn das Passivhaus diese kräftige Wärmequelle nicht im Geringsten braucht, war er doch neben der Küche ein Sonderwunsch der Bauherren.

Einmal Wohnbereich offen, einmal als geschlossener Raum: Die überdachte Terrasse vor der Küche mit dem Essbereich korrespondiert mit dem verglasten »Riesenauge« des Wohnraums. Beide neigen sich an den Oberkanten nach vor – als würden sie dem wunderschönen Panorama im südlichen Niederösterreich noch ein wenig näherrücken wollen.

ihren Vorstellungen sowohl in ästhetischer Hinsicht als auch von seinen technischen, kosteneffizienten und energieoptimierten Komponenten her entgegenkam. Nach einem langen Gespräch mit Proyer entwickelte dieser einen ersten Plan und präsentierte den nun wieder hoffnungsvollen Bauherren ein Modell ihres möglichen Hauses. Jetzt, wussten die Fahrafellners, hat die Suche endlich ihr glückliches Ende gefunden. Und ihr Zuhause würde weder ein Fertigteil- noch ein Niedrigenergiehaus, sondern ein Passivhaus werden.

Um den geplanten Holzriegelbau gut zu verankern, wurde der Hang teilweise planiert und das Haus über zwei Ebenen errichtet: ein zweigeschossiger Würfel von der Ost- und der Westseite, ein schlichter Bungalow von der Nordseite. Erst die Südseite zeigt sich mit seiner unten nach innen geneigten schrägen Fassade, den markanten Stahlträgern und dem scheinbar frei schwebenden Dach abwechslungsreich in Form und Elementen.

Der Eingang neben dem Carport befindet sich auf Zufahrtshöhe im Erdgeschoss, das sich, wenn man im großen Split-Level-Wohnbereich angekommen ist, als Obergeschoss entpuppt: ein großer Raum, den rechts die Küche mit der schweren Steinplatte als Arbeitsfläche der Kochinsel dominiert. Der Essbereich vor der Küche ist gleichermaßen Familienzentrum und Übergang ins Freie, denn hier öffnen sich die großen Türen zur überdachten Terrasse. Auf der anderen Seite verändert sich das Raumvolumen. Die Decke macht einen Sprung in die Höhe, der geölte Eichenholzboden unterbricht seine ruhige Gleichmäßigkeit mit drei Stufen, die in den Wohnraum führen. So wie über die weitläufige Terrasse die Landschaft in den Koch- und Essbereich geholt wird, spielt sie auch im Wohnraum mit der raumhohen Verglasung eine große optische Rolle. Den Kontrapunkt zur klaren Linienführung bildet ein gemauerter Kamin, der in einem Bogen um die Zimmerecke verläuft.

»Gewöhnungsbedürftig«, erzählt Michaela Fahrafellner, »war anfangs, in den ›Keller‹ schlafen zu gehen.« Doch längst haben sich alle daran gewöhnt, dass ihr Haus zweimal über ein Erdgeschoss verfügt – eines mit Terrasse, eines mit Garten. Doch in der Früh aus dem Bett zu steigen und mit nackten Füßen über das schmale Holzdeck in die taufeuchte Wiese zu gehen, den frischen Spuren eines Rehs zu folgen und mit dem Duft der Wiese, der Kräuter und der Blüten den Tag zu beginnen – das lässt fast schon an paradiesische Zustände denken. Zumindest aber daran, dass sich in diesem Fall das Wunschhaus allen Schwierigkeiten zum Trotz zu einem Traumhaus entwickelt hat.

DAS GLASHAUS

Ein Passivhaus als Experiment: Die bauphysikalische Wirkung der Hülle aus emailliertem Glas ließen Architekt und Bauherr erst einmal an der Technischen Universität Graz durchrechnen, bevor sie das Risiko wagten. Doch der Versuch gelang und dank der Fotovoltaikpaneele entstand ein derart effizientes Plus-Energie-Haus, dass mit der überschüssigen Energie problemlos ein benachbartes Passivhaus versorgt werden könnte. Da das (noch) nicht der Fall ist, wird die Energie in das öffentliche Netz eingespeist, womit das Haus für seine Besitzer erfreulicherweise Geld verdient.

Ein Fassadentechniker mischte intensiv mit bei der Gestaltung seines Passivhauses und wünschte sich eine ganz spezielle Fassade aus Glas. Die erste Reaktion des Architekten und der Haustechniker: unmöglich. Doch die Lust am Risiko ist ansteckend, und so bekam der Bauherr schließlich, was er wollte. Und das Risiko stellte sich letzten Endes als ein Experiment heraus, das als Innovation durchaus auch in Serie gehen könnte.

Bauphysikalisch, erklärt der Architekt Erwin Kaltenegger, war das Ganze eigentlich ein absolutes No-go: Der Bauherr Herbert Neuherz aus Gleisdorf, beruflich selbst im Fassadenbau zu Hause, wünschte sich für sein Passivhaus etwas ganz Spezielles. Er wollte eine Glasfassade, allerdings nicht transparent, sondern emailliert. Eine Fassade also, die das Haus im Licht schimmern lässt, rosa, hellblau, zartgrün oder bleigrau, je nachdem, welche Farbe der Himmel hat. Wie ein Chamäleon passt sich das Haus in der Form eines einfachen unprätentiösen Kubus dem Tag, der Jahreszeit, dem Wetter an. Eine interessante Variante, die dem Architekten als ästhetische Idee durchaus gefiel, die ihm als Fachmann für Passivhäuser aber als hanebüchene Verstiegenheit erschien. Denn Glas als Hülle hat die Eigenschaft, dampfdicht zu sein, was bedeutet, dass Feuchtigkeit aus dem Inneren des Hauses nicht nach außen abgeleitet werden kann. Gemeinhin gilt deshalb, salopp gesagt: Das geht nicht, das ist der programmierte Selbstmord für jedes Haus.

Letztendlich war der Bauherr starrköpfig genug und in seiner sachlichen Argumentation so nachhaltig, dass er den Architekten zumindest dazu bewegen vermochte, sich die Glasfassade wenigstens durch den Kopf gehen zu lassen. Das Risiko ging Erwin Kaltenegger nur deshalb ein, weil das Haus eben ein Passivhaus ist; denn über die Lüftungsanlage, errechnete man im Vorfeld, könnte so viel Feuchtigkeit aus dem Haus geleitet werden, dass das die Dichte der Hülle zu kompensieren imstande ist. Wobei »errechnete man« ein Euphemismus ist, denn tatsächlich pilgerten Architekt und Bauherr an die Technische Universität Graz und ließen das Risiko einmal in aller Konsequenz durchrechnen. Das Ergebnis erlaubte die Glasfassade, doch auf die Frage, ob die Bauphysiker der Uni dies auch schriftlich attestieren würden, winkten diese ab. Dem Bauherrn reichte dieses Resultat, um das Risiko einzugehen. Vorsorge wurde natürlich, darauf bestand der Architekt schon, dennoch getroffen. Einerseits installierte man Sensoren im Haus, die die Luftfeuchtigkeit permanent messen. Außerdem wurde das Glas der Fassade mit einem Drainagevlies, wie es im Tiefbau verwendet wird, hinterklebt, um eventuell zu viel Feuchtigkeit abfließen zu lassen. Das Experiment hat sich nach mittlerweile acht Jahren – das Haus war 2003 fertiggestellt – als erfolgreich erwiesen: Probleme mit Kondenswasser oder zu hoher Feuchtigkeit in den Räumen hat es bis heute keine gegeben.

Die gläserne Fassade war nicht die einzige Herausforderung, die der empfindliche Werkstoff an den Architekten und die ausführenden Professionisten stellte. Auch das Interieur wird in wesentlichen Teilen von Glas geprägt, das teilweise schon in den Rohbau gefügt und dann penibel geschützt werden musste. In dem zweigeschossigen Wohnhaus befindet sich im Erdgeschoss der große Bereich, in dem sich die Familie trifft, wo gekocht, gegessen und geredet wird, wo man einfach zusammen sein kann. Um diese Wohnebene so hell und von Licht durchflutet wie möglich zu gestalten, wollte man nicht nur das Licht nützen, das durch die südseitigen, raumhohen Terrassentüren einfällt, sondern auch jenes, das im darüberliegenden Geschoss durch die hohen Fenster scheint. Um also das Licht von oben nach unten zu holen, ließ man über der Treppe einen hohen Luftraum und sparte auch sonst an Wänden. Anstatt den Privatbereich der Eltern und die Kinderzimmer durch Mauern zu trennen, stellte man elegant gebogene, fugenlose und vom Boden bis zur Decke reichende Glaswände auf. Sobald eines der Familienmitglieder sich zurückziehen möchte, zieht es die im Inneren der Räume angebrachten Vorhänge zu und schafft sich auf diese Weise seinen Privatbereich. Uneinsichtig und sehr gut schallgeschützt.

Ein Haus von hoher Wohnqualität oder ein Experiment? Es ist beides, und beides ist, trotz eines nicht unerheblichen Risikos und einer ganzen Reihe von dezidierten Sonderwünschen, über die Maßen gut gelungen. Und letztlich ist der Hausherr auch ganz froh, wenigstens in einem Detail nicht auf sich selbst, sondern auf die Argumente seines Architekten gehört zu haben: Statt eines Büros im Keller bekam er zum Arbeiten einen ebenerdigen Anbau. Es wäre ja auch zu schade gewesen, auf Licht und Ausblick den ganzen Tag zu verzichten.

Anstatt dem Bauherrn, so wie dieser es sich ursprünglich dachte, dessen Büro im Keller einzurichten, überzeugte ihn Erwin Kaltenegger von einem eingeschossigen Anbau im rechten Winkel. Hier arbeitet der Hausherr nicht nur über Bodenniveau, sondern genießt dabei auch noch jenen schönen Ausblick, den man von den Räumen des Wohnhauses aus hat.

Dem intensiven Bedürfnis des Bauherrn nach Licht und Transparenz sind wesentliche Aspekte der Architektur geschuldet. Große Glasflächen zum Garten hin und der offene Luftraum über dem Wohnbereich im Erdgeschoss, womit das oben einfallende Licht auch unten genützt (und genossen!) wird, sind ein Teil der Lösung. Ein weiterer sind gläserne Wände im Obergeschoss, die tagsüber das Licht ungehindert strömen lassen, abends durch Vorhänge verschlossen jedoch Privatbereiche schaffen.

WOHNEN IN DER SCHEUNE

Ein alter Pfeilerstadel, der in den 1940er-Jahren das letzte Mal renoviert und mit einem neuen Dach versehen wurde, verwandelte sich dank des einfallsreichen Architekten Georg W. Reinberg in ein behagliches Wohnhaus. Um das zu verwirklichen, wurde in die altehrwürdige Hülle mit kulturhistorischer Bedeutung ein zweites Haus gestellt. Dass es sich hier um kein Wirtschafts-, sondern um ein Wohngebäude handelt, ist lediglich an den großen Fenstern und den thermischen Kollektoren auf dem Satteldach zu erkennen.

Im wildromantischen obersteirischen Salzatal wurde ein uralter Stadel mit Passivhauskomponenten ausgebaut – ein aufwendiges Unterfangen, das dem Bauherrn und dem Architekten ein Höchstmaß an Behutsamkeit und Kreativität abverlangte. Das Resultat sind eine Augenweide und ein Kraftplatz für die Bewohner und deren Gäste.

184

Eigentlich war Gottfried Scheiblechner, Schwiegersohn des aus Palfau stammenden Künstlers Hans Stockbauer, auf der Suche nach einem Grundstück in der Gegend, um hier für sich, seine Familie und seine Freunde ein Ferienhaus zu bauen. Außerdem wollte er eine Galerie einrichten, um das Œuvre seines vor zwei Jahrzehnten verstorbenen Schwiegervaters zurück an den Ort seines Entstehens zu bringen. Ein Vorhaben, das sich in dieser geschützten Landschaft mit den strengen Flächenwidmungsplänen gar nicht so einfach umsetzen ließ. Was zum Verkauf stand, war eine alte Scheune am Rand einer von Hochkar, Hochschwab, Gesäuse und Gamsstein eingerahmten Futterwiese in Sichtweite der Dorfkirche von Palfau. Hier haben die Pfarrer längst vergangener Zeiten ihre Pfarrpfründe bewirtschaftet, haben geerntet und die Früchte in der Scheune des alten »Moarhofs« gelagert. Der traditionelle Pfeilerstadel – eines von drei kleinen Gebäuden des für diese Region typischen Haufenhofs – ist schlicht und funktional: ein gemauerter Sockel, darauf Pfeiler aus Mauerwerk, die ein Satteldach tragen. Der Raum zwischen den Säulen ist mit Holzlatten ausgefacht. Da und dort gibt es Öffnungen im Holz, durch die man früher einmal das Heu zum Lagern hinein- und zum Füttern des Viehs wieder herausgebracht hatte. Zum Wohnen war so ein Stadel nie gedacht, das Grundstück daher auch nicht als Bauland gewidmet. Als der Architekt Georg W. Reinberg seinen Bauherrn dennoch auf die Scheune aufmerksam machte, war Letzterer verständlicherweise zuerst einmal sehr skeptisch: Das alte Gebäude war verfallen und außerdem – bloß ein Stadel! Doch als ihm Reinberg seine Idee im Detail auseinandersetzte, fing Scheiblechner Feuer. Von nun an stand er mit Verve hinter dem ganzen aufwendigen Projekt.

Denn es gab einen Schlupfwinkel: Veränderte man den optischen Charakter des bestehenden Gebäudes nicht, so durfte es auch zum Wohnen genutzt werden. Diese schmale Ritze in den strikten Vorschriften wusste der Architekt so versiert wie sensibel zu nützen: Ein neues Haus wurde zwar gebaut, aber innerhalb des alten Pfeilerstadels. Der alte, ziemlich ramponierte Stadel wurde vollständig entkernt, wobei man das Dach jedoch beließ, wo es war, um die vorgefertigten Bauteile geschützt vor Wind und Wetter montieren zu können. Erst als das Haus innerhalb des Stadels fix und fertig stand, trug man das Dach ab und ersetzte es durch ein neues.

Der Bau mit den Passivhauskomponenten in der Scheune bekam mit dieser ausgeklügelten Technik drei Geschosse: eine ebenerdig gelegene Galerie, die sich außerhalb der thermischen Hülle befindet und über der sich das eigentliche Wohnhaus als eine Art Pfahlbau erhebt. Im ersten Geschoss, das man von außen auch über die alte Scheunenrampe betreten kann, wurde an der Südseite ein großzügiger Wohnraum mit Küche eingerichtet, im Norden liegen zwei Schlafzimmer. Das Dachgeschoss – die zweite Ebene innerhalb der

Da die großen südseitig ausgerichteten Fenster den Raum zwischen altem Gebäude und darin aufgebautem Wohnhaus überbrücken, entstanden tiefe Nischen. Sie sind gleichermaßen Refugien für Mußestunden wie auch Plätze mit Aussicht – nach drinnen und nach draußen. Der auffallende Tisch neben dem Küchenbereich stammt übrigens vom Wiener Designstudio Walking-Chair.

Einem Pfahlbau nicht unähnlich erhebt sich das neue Haus im obersteirischen Palfau im Salzatal innerhalb der alten Mauern über dem Erdgeschoss, wo Gottfried Scheiblechner, der Bauherr, eine Galerie eingerichtet hat. In ihrem Zentrum steht das Œuvre seines 1982 verstorbenen Schwiegervaters, des Malers Hans Stockbauer. Es ist für alle eine Rückkehr zu den Wurzeln: Stockbauer stammte ebenso aus Palfau wie Gottfried Scheiblechner, dessen Mutter jahrelang in der vom Stadel aus sichtbaren Dorfkirche als Organistin wirkte.

gedämmten Hülle, die dritte des neuen Stadel-Innenlebens – besteht aus zwei Raumteilen, die durch eine Brücke verbunden sind. In einem Raumteil befinden sich ein Badezimmer und zwei Gästezimmer, im anderen eine Sauna und ein Ruheraum, der in dem gastfreundlichen Haus ebenfalls für übernachtende Besucher verwendet wird. Für die Familienmitglieder selbst bietet dieses Geschoss Raum zum Rückzug, so man sich dann und wann doch danach sehnt.

Eine schöne Besonderheit, die dem Haus von außen und von innen eine ungewöhnliche Individualität verleiht, ohne den traditionellen Charakter des Pfeilerstadels im Mindesten zu beeinträchtigen, sind die drei großen, etwas vor die Fassade geschobenen Fenster an der Südseite des Hauses. Sie sitzen dort, wo sich auch beim Stadel Öffnungen befanden, sind aber innen durch die doppelte Hülle extrem tief und haben ihre Basis knapp über Bodenniveau. So wurden sie in dem großen Raum mit der Küche und dem Essbereich zu drei kleinen Nischen mit Aussicht – und zwar sowohl in den Raum dahinter als auch nach draußen, wo der Blick ungehindert über die Futterwiese, die Bäume, die Berge, den Himmel schweifen kann. Versehen mit dicken Polstern und dank der dreifachen Verglasung perfekt gedämmt, können die Bewohner hier sitzen und lesen oder arbeiten, miteinander reden oder einfach nur hinaus in die Landschaft schauen.

Auch an den Schmalseiten des Hauses erlaubte diese faszinierende Adaption eines alten Nutzgebäudes Details, die sich aus dem rücksichtsvollen Umgang mit einer Hülle, die nicht verletzt werden durfte, ergaben: Der Abstand zwischen der erneuerten Holzverkleidung an der Ost- und der Westseite und dem dahinter errichteten Gebäude wurde durch schmale Balkone überbrückt. Auf den ersten Blick sind sie von außen kaum wahrnehmbar, vielmehr hat man den Eindruck, der Stadel stehe unverändert vor einem. Dass die scheinbar rein funktionale Hülle aus Mauerwerk und Holz mit ein paar Öffnungen darin insgesamt in Wahrheit als Maske für ein komfortables Wohnhaus dient, erkennt erst, wer ganz genau hinschaut.

HAUS MIT ANSTIEG

Was dem Bauherrn dieses beeindruckenden Gebäudes an seinem Grundstück über alle Maßen gefiel, war das prächtige Panorama über die hier sanfte Pongauer Landschaft. Eine klare Vorgabe an den Architekten Tom Lechner war verständlicherweise, diesen Ausblick in die Architektur zu integrieren. Dieser löste diese Aufgabe nicht zuletzt damit, dass er die Wohnbereiche in einzelnen Zonen dem natürlichen Höhenverlauf des Geländes anpasste. Küche, Essbereich und die große Terrasse liegen ganz vorne, wo der Bau über einem Geländeeinschnitt aus dem Hang ragt. Vor allem diese Zone kommt in den Genuss des Pongauer Panoramas.

Was geschieht, wenn sich die Besitzer eines Unternehmens für Haustechnik, spezialisiert auf energieoptimiertes Bauen, ein Haus bauen lassen? Und das in Zusammenarbeit mit einem kreativen, allen Wünschen gegenüber aufgeschlossenen Architekten. – Sie bekommen ihre perfekte Villa, in ästhetischer Hinsicht ebenso wie in technischer.

Franz Kramers berufliches Credo ist so einfach wie ehrgeizig: Er will eine Haustechnik installieren, die den Bewohnern echte Behaglichkeit schenkt, ohne dass durch mittel- oder langfristige Folgewirkungen Natur zerstört wird. Seit mehr als einem Jahrzehnt predigt er diese Maxime den Architekten, mit denen er zusammenarbeitet, den Baumeistern und den Bauherren. Und wird nicht müde, Lösungen zu finden, die gleichermaßen bezahlbar und ökologisch nachhaltig sind.

Ein erster Schritt, auch selbst zu leben, was er anderen ans Herz legt, erfolgte 2002. Aus Holzelementen und einer blauen Acrylglasfassade wurde ein Passivhaus-Chefbüro in einer Art Container neben dem Hauptgebäude des Unternehmens errichtet. Nun konnte Franz Kramer seine Kunden in jenem klimatischen Ambiente beraten, das er bautechnisch forcierte.

Der nächste Schritt der Familie, die damals noch im ersten Stock über den Geschäftsräumen des Unternehmens wohnte, war das eigene Passivhaus. Es war nicht einfach, das richtige Grundstück zu finden, und von der Idee bis zum Baubeginn dauerte es denn auch eine Weile. Das relativ schmale, dafür aber lange und ziemlich steile Hanggrundstück in Radstadt, auf das die Wahl schließlich fiel, bot sich schon allein deshalb an, weil dort im Gegensatz zu anderen Salzburger Orten innovatives Bauen sowohl in ästhetischer als auch in technischer Hinsicht möglich war. Ausschlaggebend war jedoch nicht nur die Aufgeschlossenheit der Stadtgemeinde Radstadt gegenüber zeitgemäßen Bauvorhaben, sondern auch das Prachtpanorama, das sich einem vom Grundstück aus eröffnet. Weit geht hier der Blick südwärts über das Tal und die Silhouetten der Hügel und der Berge, die Pongau und Lungau trennen. Sine qua non von Beginn an: Dieses Panorama war die Protagonistin und sollte ein integrativer Teil der Wohnqualität werden.

Einen Architekten zu finden, der die Planung übernahm, war kein Problem. Franz Kramer arbeitet seit Jahren mit Tom Lechner von LP architektur zusammen, der sich innovativer Technik gegenüber immer aufgeschlossen gezeigt und parallel dazu seine ästhetische Handschrift weiterentwickelt hat. So haben sich also 2008 zwei Perfektionisten zusammengetan, um das ideale Haus zu bauen. Die Formensprache sollte klar sein, die Einteilung des Grundrisses praktisch und logisch. Eine dreiköpfige Familie musste in dem Haus ausreichend Platz respektive Bewegungsraum haben und sich wohlfühlen können. Und selbstverständlich waren die Rahmenbedingungen des Passivhausstandards hundertprozentig zu erfüllen.

Tom Lechner bezog in seine Entwürfe von Anfang an die Neigung des Hanggrundstücks ein und erfüllte ebenso bedachtsam wie zielstrebig die Wünsche seines Bauherrn. Es entstand ein Haus ohne überflüssige dekorative Elemente, eines, das durch seine zeitlose Eleganz und konstruktive Klarheit besticht. Schon der erste Blick von der Straße zum Haus bestätigt, dass hier mit einem Höchstmaß an simpler Logik gearbeitet worden ist. Anstatt lange Erschließungswege auf dem Grundstück anzulegen (und damit Platz zu verschwenden), gestaltete man vor dem Gebäude einen kleinen Platz, über welchen man den Eingang, der baulich zurückversetzt und somit überdacht ist, erreicht. Hier dürfen die Autos stehen, von hier kommt man bei schlechtem, nassem Wetter trocken ins Innere des Hauses.

Drinnen strebt dann alles den Hang hinauf: Eine Treppe führt ins Obergeschoss, wo sich nach Süden hin ausgerichtet die »Piazza« des Hauses befindet. Dort wurde ein weiter Koch- und Essbereich an drei Seiten verglast, sodass ein

Bauleiter bei diesem Einfamilienhaus war der Bauherr selbst. Er achtete penibel auf höchste Genauigkeit. Gebäudesprünge an der Fassade beispielsweise sind exakt flächenbündig mit den Oberflächen im Innenraum. Die Genauigkeit hat den faszinierenden Effekt, dass die Räume durch diese geradlinige Verbindung zwischen draußen und drinnen noch weiter wirken.

Die Küche und der Essbereich mit dem massiven Tisch aus Ulmenholz – die »Piazza«, wo sich die Familie trifft – sind an drei Seiten verglast, sodass der Raum selbst an trüben Wintertagen lichtdurchflutet ist. Die warmen Farben des Bodens und der Decke schaffen eine Atmosphäre der Geborgenheit.

180-Grad-Blick von Osten über den Süden bis in den Westen möglich ist. Davor liegt die große Terrasse, die den Wohnbereich im Sommer um das gefühlte Doppelte erweitert. Die Aussicht, die sich den Bewohnern sowohl von drinnen wie auch von draußen bietet, reicht übers Tal hinweg bis zu den Radstädter und den Schladminger Tauern.

Für die Handwerker, die dieses Haus errichtet haben, mag die Arbeit eine Herausforderung gewesen sein. Denn die Bauleitung hat der Bauherr selbst übernommen. Und der ließ kein Pardon gelten. Selbst bei genauester Betrachtung ist nicht die geringste Ungenauigkeit zu erkennen. Die Wandverkleidung aus Weißtanne im Wohnraum ist perfekt angebracht, die klaren, schlichten Linien innen schließen millimetergenau an jene der Außenhaut an. Den Kontrapunkt zu so viel Perfektion und buchstäblicher Geradlinigkeit setzt der massive Esstisch aus einer Ulme, die neunzig Jahre lang im Lager eines Tischlers gewartet hatte, bis sie zum sehr geliebten Blickfang auf der »Piazza« der Familie Kramer avancierte.

Weiter geht es im Haus den Hang hinauf: drei niedrige, tiefe Treppenstufen bis zum Wohnbereich, vier schmälere dann bis zum Zimmer der Tochter. Links und rechts draußen – im Westen und im Osten – weitere Freiräume. Kleine Terrassen, die zum Wäschetrocknen ebenso praktisch sind wie behaglich für den Frühstückskaffee in der Morgensonne oder ein entspanntes Glas Rotwein im warmen Abendlicht eines Sommertags.

Zweihundertzwanzig Quadratmeter Wohnfläche teilt sich die Familie. Sie wurden so angelegt, dass sie allen Familienmitgliedern größtmögliche Intimität gewähren. Da steht keiner dem anderen im Weg, und wenn man einander treffen will, dann bieten der Wohnbereich und die Essküche mit der Terrasse ausreichend Möglichkeit dazu. »Es gibt«, sagt Franz Kramer, der mit sichtbarer Freude durch sein Haus führt, »in diesem Haus keinen Quadratmeter, den wir mehr benötigen würden, aber auch keinen, auf den wir verzichten könnten.«

Und die Technik? Von der sieht und hört man nichts. Wärmepumpe und Lüftungsgerät stehen im Keller, der in den Hang hineingebaut wurde und über einen kleinen überdachten Zwischengang unter dem Haus – die Hanglage macht es möglich! – erreichbar ist. Oben auf dem Flachdach breiten sich die Solarpaneele aus und erzeugen an heißen Sommertagen bis zu fünfundzwanzig Kilowattstunden Strom. Viel mehr, als die Familie Kramer verbrauchen könnte. Also wird der Überschuss ins öffentliche Netz gespeist. Somit hat Franz Kramer, der kompromisslose und geschmackssichere Bauherr und Bauleiter, nicht nur ein Einfamilienhaus zum Wohlfühlen bekommen, sondern darüber hinaus ein kleines Kraftwerk.

DAS HAUS DES SAMMLERS

Der Bauherr dieses großen, kompakten Einfamilienhauses ist ein ehrlicher Mann: Seit Jahren hatte er die Passivhaustechnologie und ihre Weiterentwicklung verfolgt. Als er sich selbst zum Hausbau entschloss, wollte er von seinem Architekten ein energieoptimiertes Haus – nicht unbedingt wegen der Möglichkeit, mit den Ressourcen bewusst umzugehen, sondern weil die Wohnqualität in einem Passivhaus, vor allem die Belüftung und die gleichmäßige Temperatur, seinen Wohnbedürfnissen näherkam als jede andere Bauvariante.

Der Besitzer dieses Passivhauses hält wenig bis gar nichts von kleinen Strukturen. Wenn schon bauen, meinte er, dann großzügig. Schließlich wollte er nicht nur seiner Familie ein adäquates Zuhause schaffen, sondern auch seiner liebevoll gehegten Sammlung: den Oldtimern in der Garage.

Im weißen Sockelgeschoss, das sich außerhalb der thermischen Hülle befindet, liegen die Garage und der Clubraum. Letzterer ist mit bequemen Möbeln und einem Billardtisch ausgestattet und bietet – durch ein großes Fenster – einen ungehinderten Blick auf die Oldtimersammlung des Bauherrn.

Alles begann mit langen Gesprächen. Bevor der Architekt Erwin Kaltenegger die ersten Freihandskizzen zu Papier bringen konnte, hieß es genau zuhören, denn sein Bauherr wusste relativ genau, was er wollte. Und weil dieser außerdem ein Faible für Technik und Innovationen hat und seit Jahren die Weiterentwicklungen – sowohl technischer als auch ästhetischer Natur – auf dem Sektor Passivhaus verfolgte, war er zudem überzeugt, dass seine hohen Ansprüche an Wohnqualität nichts anderes als ein Passivhaus erfüllen könnte.

Diese Prämissen hörten sich im Prinzip noch einfach an: ein großes Haus mit viel Platz für alle, die darin wohnen (der Bauherr, seine Frau und die beiden kleinen Kinder), viel offener Raum mit attraktiven Bereichen, ein Clubraum für seine Herrenrunde und eine Garage. So weit, so gut. Und noch nichts, was an den versierten Passivhausarchitekten große technische Herausforderungen stellte. Erst als der Bauherr ein wenig genauer erläuterte, was er sich unter Clubraum und Garage vorstellte, wurde es spannend: Diese beiden Bereiche nämlich sollten eine Einheit bilden, die nur eine gläserne Wand trennt. Erwin Kaltenegger löste das Problem der drohenden Wärmebrücke mit gewohnter Eleganz, indem er Garage, Clubraum und Technikkeller als Sockel formte, auf dem das eigentliche Wohnhaus thront, und die beiden Letztgenannten in die Passivhaushülle integrierte. Dank der dämmenden Glaswand und einer steil nach oben führenden Treppe aus dem Vorraum können der Hausherr und seine Gäste die feinen Weine aus dem Weinkeller bei einer gepflegten Partie Billard nebst Blick auf die Oldtimersammlung genießen, ohne dabei auf die Wärme und die gute Luftqualität des Passivhauses verzichten zu müssen.

Die Treppe übrigens spielt auch oben, in den Wohnbereichen, eine große ästhetische Rolle. In der Diele etwa, wo sie ihren eigentlichen Anfang nimmt und durch einen halbkreisförmigen Ausschnitt in der Decke den Vorraum am Licht des Wohnraums teilhaben lässt. Oder im Esszimmer mit dem großen Tisch und den optisch so kraftvollen Lederstühlen, wo die Treppe zur Skulptur wird, weil sich ihr gemauerter Korpus unverhüllt in die Höhe schraubt. Spannende Details bietet sie auch im Wohnbereich. Hier wurde ihre Erscheinung zwar diskreter, nicht ganz so mächtig eingesetzt, ist mit dem Einschnitt und dem dynamischen Verlauf des Geländers jedoch immer noch ein faszinierender Blickfang.

Auch die Gestaltung des Interieurs überließ der Bauherr über weite Strecken seinem Architekten. So entstand im Erdgeschoss ein riesiger Wohnbereich, zu dem eine Küche, ein Speisezimmer und ein Wohnzimmer gehören. Diese Räume sind, je nach Bedarf, ein offenes Raumkontinuum oder durch Schiebetüren zu trennen. Verankert ist die Raumstruktur optisch durch massive Sichtbetonwände, die einen reizvollen Kontrast zum dunklen Braun des Bodens und der Türen bilden.

Im Obergeschoss liegen die Privaträume der Familie. Und auch hier wurde nicht an großzügigem Raum gespart. Ein riesiges Schlafzimmer mit einem großen Balkon davor und einer frei im Raum stehenden ovalen, holzverkleideten Badewanne nimmt den Löwenanteil der Etage ein. Direkt anschließend befindet sich ein weiterer Bereich, den der Bauherr unter allen Umständen haben wollte: eine Sauna und ein Badezimmer von insgesamt nahezu fürstlichen Ausmaßen.

Alles in allem hat Erwin Kaltenegger hier ein Passivhaus mit mehr als zweihundertzwanzig Quadratmetern geschaffen, dessen Energiebedarf zu einem großen Teil von einem individuell gestalteten Fotovoltaiksegel an der Südwestterrasse abgedeckt wird. Dass energieoptimiertes Bauen weder auf Kosten eigenwilliger Raumvorstellungen noch weitläufiger Raumanordnung und schon gar nicht eines stilistisch klar ausformulierten Interieurkonzepts gehen muss, wird in diesem Haus einmal mehr offenkundig.

Massive Sichtbetonwände, ein seidenmatt glänzender Holzboden und eine breite Wendeltreppe, die im Gesamtbild dieses Raums skulpturale Qualität hat: Das unkonventionelle Zusammenspiel der Materialien, die paradoxerweise gerade aufgrund der starken Kontraste ein harmonisches Ganzes schaffen, gibt dem Interieur dieses Passivhauses seine spezielle Prägung.

IN DEN WEINTERRASSEN

Das Passivhaus inmitten der Kamptaler Weinrieden trägt den bezeichnenden Projektnamen »Reblaus« – eine augenzwinkernde Ironie, denn anders als der Schädling fügt sich dieser interessante zweigeschossige Bau sehr harmonisch und ganz ohne Schaden zuzufügen in die terrassierte Kulturlandschaft.
Das Architektenteam von ah3 aus Horn hat sich in diesem Fall auch zur Grundstücksberatung bereit erklärt.

Ein ungewöhnlich steiles Hanggrundstück, gewählt wegen des wunderbaren Ausblicks über eine bukolische Umgebung, wird zur Herausforderung für die Architekten und den Bauherrn: Das Haus soll sich in sein Ambiente integrieren und doch Charakter bewahren, soll frei in der Landschaft stehen und sich optisch dennoch nicht in den Vordergrund drängen. Ein Kunststück, das gelang.

Was dem Bauherrn, einem niederösterreichischen Notfallmediziner, als Baugrund vorschwebte, war so leicht nicht zu finden: ein Grundstück an der Flanke eines Hangs, von dem aus man eine weite Sicht in die Landschaft genießen kann, der sich zugleich jedoch für energieoptimiertes Bauen, ein Passivhaus also, eignet. Die Suche war lange und fruchtlos, sodass der Hausbesitzer in spe letztlich das Team von ah3 architekten im Waldviertler Horn zuallererst einmal als Grundstücksberater und aktive Helfer auf dem Weg zum idealen Bauareal engagierte.

Was man schließlich fand und was alle Kriterien erfüllte, war etwas ganz Besonderes – und eine Herausforderung sondergleichen: Das enge Kamptal öffnet sich bei Schönberg in Richtung Langenlois zu einer sanfthügeligen, saftig-bukolischen Landschaft, deren Boden in erster Linie dem Wein gewidmet ist. Der weite Blick ist hier also kein Problem. Die Geländeform ist es durchaus, denn das Grundstück ist ein steiler, terrassierter Hang mit zwanzig Metern Höhenunterschied.

Doch wenn Architekten ein Grundstück finden, haben sie im Vorfeld gemeinhin den Entwurf bereits im Kopf. So wurde auch für das Einfamilienhaus des Arztes, seiner Frau und seiner kleinen Tochter das Panorama zum Gestaltungskriterium Nummer eins. Ex aequo stand das Thema »Einbetten«: Eine Landschaft von dieser Schönheit verträgt keine harten architektonischen Kontrapunkte. Bauten sollten sich tunlichst in das Ambiente schmiegen, ohne allzu aufdringlich zu wirken. Und weil nichts auf dieser Welt perfekt ist, musste man auch ein Manko berücksichtigen: Im Nordwesten des Bauareals liegt eine Müllsammelstelle, die man unter allen Umständen ausblenden wollte.

Die wahre Herausforderung jedoch war das steile Grundstück mit seiner beachtlichen Höhendifferenz, die sinnvoll überbaut werden musste. So entstand über einem Sockel ein zweigeschossiges Gebäude, das wie ein Würfel am Hang steht. Der untere Bereich, wegen des terrassierten Hangs de facto das zweite Erdgeschoss, gliedert sich in einen Servicebereich mit der Haustechnik und einem Wirtschaftsraum zum Hang hin; nach vorne liegen zwei Zimmer, die als Schlaf- oder Arbeitsräume genutzt werden können.

Das Herz des Hauses aber befindet sich ganz oben, im ersten Stock. Hier breitet sich eine offene Wohnlandschaft auf nahezu quadratischem Grundriss aus (die beiden Geschosse innerhalb der thermischen Hülle haben fast exakt die Form eines Würfels und damit die ideale, kompakte Passivhausform). Hier heroben ist nun alles auf den Genuss der Umgebung ausgerichtet, riesige Glasfronten und eine weitläufige Terrasse als Erweiterung des Innenraums.

Wie bei einer guten Theaterinszenierung, bei der die Arbeit des Regisseurs fast unkenntlich im Hintergrund bleibt, gelang auch das architektonische Meisterstück bei diesem Bau: das raffinierte Anknüpfen an die Kulturlandschaft des Kamptals. Wie der Wein auf Landschaftsterrassen kultiviert wird, hat man das Haus terrassenförmig in das Gelände gebaut. Die Korrespondenz der jeweils – was die Gegend und was das Haus betrifft – künstlichen Formen wird auf diese Weise als hoher Grad von Anpassung inszeniert. Wobei dieses Schmiegen in die Landschaft Potenzial zur Intensivierung hat, denn mit der Zeit wird das Haus zunehmend mit seiner Umgebung verwachsen, der Monolith optisch noch zurückhaltender wirken, wenn die Bepflanzung des Grundstücks (Wein natürlich!) und die Weinreben rundherum kräftig gewachsen sind. Die Steinverkleidung, an der der Besitzer in seiner Freizeit eigenhändig arbeitet, gewinnt ebenfalls lang-

Eine riesige Terrasse bildet die Erweiterung des Wohnraums. Architektonisch knüpft die Form dieses Baus raffiniert eine Verbindung an die Umgebung: Terrassiert wie sie ist auch der Bau. Die Korrespondenz zwischen den künstlichen Formen – den Weinterrassen und dem Haus – inszeniert einen hohen Grad an gegenseitiger Anpassung.

Gestaltungskriterium Nummer eins war hier selbstverständlich das Panorama über die fruchtbare Weinlandschaft des Kamptals. Vor allem von der offenen Wohnlandschaft auf nahezu quadratischem Grundriss im oberen Geschoss genießen die Besitzer den weiten Ausblick.

sam an Höhe und wird das Ihre zur Integration in die Landschaftsterrassen beitragen.

Interessant gelöst wurde auch der Zugang zum Haus, das in seiner Geschlossenheit durchaus die Qualität einer uneinnehmbaren Burg hat. In den untersten Bereich – das untere Erdgeschoss gemessen an den Landschaftsterrassen – wurde eine Garage gebaut, von der es einen direkten Zugang zu einem Aufzug gibt, der die Bewohner zur überdachten Vorzone des Eingangsbereichs bringt. Alternativ zum Lift gibt es zwar noch einen Weg, der außen um das Haus herum ebenfalls zu diesem Eingang führt; aber in diese perfekte kleine Burg im Weinberg dringt kein zufälliger Besucher vor, der nicht eingeladen wurde. Diese spezielle Installation im Haus ist jedoch nicht allein der Lust zum Rückzug der Hausbesitzer geschuldet, sondern zu einem guten Teil der Funktionalität: Während der Bauzeit konnte man ebenerdig gut zufahren, um Baubestandteile anzuliefern, und auch heute ist es kein Problem, zuzufahren und Waren anzuliefern. Praktikables Detail am Rande: Der Lift fällt nicht unter das Aufzugsgesetz, sondern gilt als Aufstiegshilfe. Diese Spezialanfertigung bedarf daher weder komplizierter Maschinenräume oder Überfahrtvolumen noch einer regelmäßigen TÜV-Überprüfung.

Der Integration des Hauses in seine Umgebung dient auch die dunkle Holzfassade aus Thermofichte, speziell behandeltem und lasiertem Fichtenholz. Man bewerkstelligte diese Verzahnung zwischen Umgebung und Gebäude auch durch den wohlüberlegten Einsatz des Holzes: Von der Ferne ist aufgrund der Holzfassade, der etwas helleren Holzlamellen vor den Glasflächen und der hölzernen Umrandung der Terrasse nicht genau auszumachen, wo das Haus beginnt und die Terrasse endet. Das vorherrschende dunkle, fast schwarze Braun jedenfalls ist diskreter als es eine helle Färbung wäre, denn optisch wirken dunkle Objekte in ihrem Umfeld kleiner. Den Vorrang hat hier in jedem Fall die Weinlandschaft und nicht das Gebäude. Dafür nimmt der Bauherr auch gewisse Mühen auf sich, muss die Lasur des Fichtenholzes doch etwa alle fünf Jahre erneuert werden. Hinter verwirklichten Lebensträumen, so viel ist klar, steckt eben viel Arbeit.

EIN HAUS MIT RIEGEL UND RAHMEN

Ein Stahlrahmen mit Mehrfachfunktion: Die Stahlstützen tragen den Balkon und die Terrasse des Obergeschosses, geben den Sonnensegeln oben und unten Halt und verleihen dem Haus im ländlichen Salzburg außerdem einen bemerkenswert unkonventionellen urbanen Charakter. Dieser architektonische Akzent zitiert, ganz dem Wunsch der Bauherren entsprechend, die Gewerbebauten der großen Städte, die seit einigen Jahren zu Wohnlofts umgebaut werden.

Ein schlichter quaderförmiger Baukörper inmitten einer traumhaft schönen Landschaft bekam, weil es die Anforderungen an die Funktionalität des Hauses verlangten, einen hölzernen Riegel untergeschoben und einen markanten Stahlrahmen davorgestellt. Was entstand, ist die Anmutung eines urbanen Lofts im ländlichen Raum.

Wenn es um moderne Architektur geht, ist Salzburg ein komplizierter Boden. In den verstreut liegenden Gemeinden zwischen der Hauptstadt des Landes und dem Salzkammergut reagiert man Unkonventionellem gegenüber gemeinhin eher skeptisch. Anders als beispielsweise in Vorarlberg fragt man in Salzburg besser noch vor dem Grundstückskauf nach, wo die architektonische Toleranzgrenze liegt, denn wenn man Pech hat, kann es durchaus passieren, dass bereits ein Flachdach den Einreichplan des Architekten zum Scheitern bringt. Die Bauherren dieses ungewöhnlichen Passivhauses hatten zum Glück kaum Probleme, die für den ländlichen Raum ungewöhnlich urbane Konzeption durchlief unbeschadet die bürokratischen Wege. Damit, dass der eine oder andere Nachbar das Haus auch nach sechs Jahren noch ein wenig scheel anblickt, arrangiert man sich. Letzten Endes zählt nicht die Meinung der anderen, sondern die Verwirklichung der eigenen Träume – gefasst in Architektur von hoher Qualität.

Der Ursprung dieses Hauses lag denn auch in dezidiert klaren Vorstellungen darüber, was das Haus funktional leisten muss: Der bewusste Umgang der Bauherren mit ihrer Umwelt, die Idee, autark sein zu können, und das unvergleichliche Wohngefühl verlangten ein Passivhaus. Das Interieur, über das sich die Hausherrin im Vorfeld genau den Kopf zerbrochen hatte, sollte so weit wie möglich den Charakter eines Lofts bekommen und der vierköpfigen Familie dennoch Rückzugsmöglichkeiten bieten. Und weil Kinder immer schneller, als man denkt, erwachsen werden, sollten die mehr als zweihundert Quadratmeter Wohnfläche so organisiert sein, dass das Haus in ein paar Jahren ohne großen Aufwand geteilt werden kann. Die Anforderungen an das Architektenteam Hartwig Steinwender und Karin Sattlegger waren nicht gerade gering. Doch die beiden lösten sie mit frappierender Leichtigkeit.

Von außen wird das Haus durch eine Klammer aus Tradition und Moderne akzentuiert: auf der einen Seite der lange hölzerne Riegel, der sich scheinbar unter das Haus schiebt; dieser Bauteil dient als Garage und als Lagerraum, bildet einerseits eine Blickbarriere zum Nachbarn und andererseits gemeinsam mit dem Wohnhaus einen geschützten Freibereich. Auf der anderen Seite ein markanter Stahlrahmen vor und über der Fassade, dessen Funktion vor allem darin liegt, die Terrasse sowie den Balkon zu tragen und außerdem den Sonnensegeln Halt zu geben.

Man betritt das Haus über einen Windfang in der Fuge zwischen Riegel und Haupthaus, ein sonnendurchflutetes Bauelement außerhalb der thermischen Hülle mit verglaster Decke. Verbunden ist er mit dem Wohnbereich durch eine attraktive optische Finte: Eine Natursteinwand – de facto ist es eine mit Stein verkleidete Wand des Holzriegelbaus – zieht sich vom Vorraum in den Wohnraum und endet bei der Treppe ins Obergeschoss. Ein kurzer Blick vom Wohnbereich zurück durch die Glastür zum Vorraum wird zum Vexierbild, wenn sich die Mauer dank eines raffiniert angebrachten Spiegels an der anderen Seite des Vorraums ins Unendliche verlängert. Unweigerlich hat man den Eindruck, sich in einem Loft urbanen Zuschnitts zu befinden, ganz wie in den adaptierten Gewerbebauten Londons oder New Yorks.

Obwohl das reine Loft – der einzelne riesige Raum, der nur von Einrichtungsgegenständen strukturiert wird – nichts für die Wohnbedürfnisse einer vierköpfigen Familie ist, bekam das Erdgeschoss seinen weitläufigen Charakter. Geschlossene Wände gibt es hier nur zum kleinen Badezimmer und zum Technikraum, alles andere ist offen – die Küche mit der

Wenngleich ein Passivhaus über Energiekennzahlen klassifiziert wird, ist es doch in allererster Linie Lebensraum – und diesen wussten die Besitzer nicht nur bestmöglich zu nutzen, sondern auch mit individuellem Geschmack einzurichten. Die Küche hat etwas von einem Cockpit, von dem aus der loftartige Raum dirigiert wird.

Die weiteren Bereiche im Erdgeschoss sind durch die funktionale Möblierung strukturiert: der Essbereich mit der beeindruckenden Ledereckbank von Knoll, der Wohnbereich mit dem weißen Sofa und den violetten Kissen und Stühlen, eine Hängematte als Leserefugium und – ganz hinten durch einen Winkel etwas abgetrennt von den offenen Bereichen – ein Liegesofa. Die Bilder an den Wänden stammen übrigens von der Dame des Hauses. Zurzeit ist alles durch ein kräftiges Violett akzentuiert. Hat man sich daran sattgesehen, kann das dominierende Weiß mit jeder anderen Wunschfarbe kombiniert und die Wirkung der Räume vollständig verändert werden.

Ein Blick in die Wellness-Oase vor dem großen Schlafzimmer, zu dem auch ein begehbarer Schrank gehört. Der Wasserkreislauf im Haus ist geteilt: Für die Toilettenspülung wird Regenwasser, das hinter dem Haus in einer Zisterne gesammelt wird, verwendet. Auch ein massiver Steinbrunnen im Garten wird aus dieser Zisterne gespeist und das Wasser dann zum Blumengießen verwendet.

Kochinsel, der massive Esstisch mit der bordeauxfarbenen Ledereckbank von Knoll, der geteilte Wohnbereich mit dem Liegesofa vor dem Fernsehapparat und der schicken Couch samt Sitzhockern und Sesseln auf dem silbrig schimmernden Teppich.

Auf die Spitze getrieben wird das Spiel mit der Grenzenlosigkeit durch die raumhohe Verglasung fast der gesamten Südseite und die schmale Terrasse davor, deren Möblierung wie jene des Interieurs in den dominierenden Farben Weiß und Violett gehalten ist. Unabhängig davon, ob die Schiebetüren zur Terrasse geschlossen oder offen sind, werden Außen- und Innenraum eins, gehen ineinander über und bilden dank der geschickten Gestaltung eine Einheit. Nur die schmalen Bahnen der semitransparenten Screens schaffen eine zarte Grenze.

Ein Kompromiss, von dessen Sinnhaftigkeit die Architekten ihre Bauherren zu überzeugen wusste, ist die Lage der Treppe in das Obergeschoss: Eigentlich hätte sie aus praktischen Überlegungen irgendwo am Rand der Hülle verlaufen sollen, denn die beiden Kinder werden größer, kommen mit Freunden nach Hause, brauchen irgendwann vielleicht eine eigene Wohneinheit im elterlichen Haus. Mit der Treppe mitten im Raum jedoch ist Privatsphäre schwer zu ermöglichen. Trotzdem wurde sie sehr zentral geplant. Optisch eine ausgezeichnete Entscheidung, die wesentlich Karin Sattlegger zu verdanken ist, denn die Treppe strukturiert, gibt der Weite Halt und ein Zentrum – und einem Bücherregal, das über die gesamte Höhe des Hauses verläuft, Platz. Den Privatsphären der Familienmitglieder tut sie dennoch keinen Abbruch, weil die Trennung der Bereiche einfach anders organisiert wurde. Im oberen Geschoss nämlich, wo das Schlafzimmer der Eltern (zu dem ein Badezimmer gehört, für das dieses Wort eine schlichte Untertreibung ist, denn tatsächlich handelt es sich um einen Wellnessbereich samt Sauna, Walk-in-Dusche und großer Badewanne mit Blick über die Landschaft), die Kinderzimmer und Nebenräume liegen, gibt es auch eine riesige Terrasse. Hier lässt sich ohne viel Aufwand eine Treppe aus dem überdachten Eingangsbereich vor der Haustür installieren, die Terrassentür in eine Eingangstür verwandeln und mit bloß einer Wand, die man neu aufziehen müsste, eine Einliegerwohnung schaffen. Tatsächlich lässt sich die zukunftsorientierte Funktionalität dieses Hauses sogar so weit auf die Spitze treiben, dass man in null Komma nichts das obere vom unteren Geschoss trennen könnte, um zwei Wohneinheiten zu je rund hundert Quadratmetern zu erhalten – eine mit Garten, die andere mit südseitiger Terrasse. Und das Erdgeschoss könnte dann auch problemlos barrierefrei gestaltet werden.

Aus dem glücklichen Zusammenspiel zwischen den klaren Vorstellungen der Bauherren und einem Architektenteam, das diesen folgte, ohne sie als kategorischen Imperativ seiner Kreativität in die Quere kommen zu lassen, entstand das, was den Besitzern immer vorschwebte: ein individuelles Passivhaus fürs ganze Leben.

ZIMMER MIT (ZUKUNFTS-) AUSSICHT

Es war im Jahr 2009, als Michaela Reitterer, vormals Reisebüroinhaberin mit einem seit Langem bestehenden und nie aufgegebenen Traum vom eigenen Hotel, das weltweit erste Null-Energie-Bilanz-Hotel eröffnete. Von behäbiger Öko-Romantik, gekleidet in plump geschnittenes Schuhwerk, ist hier nichts zu bemerken: das Ambiente elegant, die Mitarbeiter schnell, freundlich und kompetent.

Manchmal muss man sich selbst ein Geschenk machen. Eine Städtereise zum Beispiel, Sommerfrische in den Bergen, eine Schitour im Hochgebirge oder eine weite Gebirgswanderung an einem Sommerwochenende. Übernachten könnte man in einem Passivhaushotel – mitten in der Stadt ebenso wie in den Bergen. Dann werden die Nächte so erholsam wie die Tage.

herzlich willkommen im weltweit 1. stadthotel mit null-energie-bilanz
welcome to the worldwide 1st cityhotel with zero-energy-balance

Im Innenhof des Boutiquehotels Stadthalle liegt der charmante Garten. Von unten zwar nicht sichtbar, im Sommer aber mit der Nase wahrnehmbar ist das Lavendelfeld auf dem Flachdach des Anbaus. Aus vielen Hotelzimmern hat man im Juni, wenn der Lavendel blüht, einen schönen Blick auf das lila Dach. Abgesehen davon, dass man sich im Hotel gerne darum kümmert, Leihräder für die Gäste zu besorgen, gibt es auch einen hoteleigenen Fuhrpark mit E-Velos und E-Scooters, die man sich fürs umweltverträgliche Sightseeing ausleihen kann.

In einem Garten, verborgen hinter den Fassaden in einer stillen Gasse ganz nahe dem Wiener Westbahnhof steht eine mannshohe Uhr. Ihre Zeiger stehen auf fünf vor zwölf: der entscheidende Zeitpunkt, an dem sich das Ruder gerade noch herumreißen lässt. Auch wenn es fast schon zu spät ist. Die Ressourcen sind bald zu Ende, die Natur leidet unter unserer Gedankenlosigkeit, dabei wären Lösungen ganz leicht herbeizuführen. Das ist Michaela Reitterer, mit Umwelt- und Fachpreisen vielfach ausgezeichnete Hotelière aus Wien, mehr als vielen anderen bewusst. Und zwar nicht erst seit alle Welt vom Energiesparen und dem pfleglichen Umgang mit unserer Umwelt spricht. Schon als ihre Eltern das kleine Hotel in der Hackengasse im fünfzehnten Wiener Gemeindebezirk führten, waren Mülltrennung und Energiesparen für sie eine Selbstverständlichkeit. Mit den technischen Möglichkeiten des einundzwanzigsten Jahrhunderts hat Michaela Reitterer dann Nägel mit Köpfen gemacht. Sie sanierte das Stammhaus, ein Altwiener Zinshaus aus dem späten neunzehnten Jahrhundert und brachte es thermisch auf den neuesten Stand. In der Folge kaufte sie das Nachbarhaus, ließ es abreißen und in der Baulücke ein Passivhaus errichten. Die Verbindung der beiden Hotelflügel bildet die behagliche Lobby, in der man es sich mit Büchern (das Hotel zählt auch zu den »Bibliotels«, jenen freundlichen Beherbergungsbetrieben, die über eine gut sortierte Bibliothek verfügen) und Zeitschriften bei einem guten Glas Wein bequem machen kann.

Das Boutiquehotel Stadthalle ist eine duftende und blühende Oase mitten in Wien. Lavendel auf dem Flachdach und Rosen im Garten sind nicht nur wunderschön anzusehen, locken Bienen und Schmetterlinge an und duften nach mediterranen Landschaften. Das größte Lavendelfeld Wiens klimatisiert auch einige der unter dem Flachdach liegenden Zimmer. Eine stromfressende Klimaanlage kann sich dieses Hotel auch an den heißesten Tagen des Jahres ersparen. Energieeffizienz ist überhaupt etwas, das in diesem Hotel ganz groß geschrieben wird: Hundertdreißig Quadratmeter Solaranlage und vierundachtzig Quadratmeter Fotovoltaikpaneele machen das Hotel zum weltweit ersten Null-Energie-Stadthotel. Und der gerade in Hotels immense Wasserverbrauch wird hier minimiert, indem man mit einer Nutzwasseranlage die WC-Spülkästen im Passivhaus versorgt.

Auf Umweltfreundlichkeit wurde auch bei der Ausstattung der Zimmer Wert gelegt. Wer allerdings denkt, sich deshalb in eine ästhetisch wenig ansprechende Umgebung, Marke »Korkpantoffeln und Latzhosen«, zu begeben, irrt gewaltig: Stilempfinden und Energieeffizienz stehen einander schon lange nicht mehr im Weg. Die zweiundvierzig Zimmer im Stammhaus und die achtunddreißig im Passivhaus sind mit viel Geschmack ebenso praktisch wie einladend eingerichtet. Verwendet wurden umweltfreundliche Materialien, darunter auch schadstofffreie Stoffe für Vorhänge und Möbel. Am schönsten sind natürlich die beiden Gartensuiten mit den Terrassen ganz oben: Von hier hat man nicht nur einen herrlichen Blick auf Wien, sondern auch das gute Gefühl, den eigenen ökologischen Fußabdruck einmal mit viel Bequemlichkeit ganz klein gehalten zu haben.

Sommerfrische, Schitouren, Schneewandern oder einfach einmal die Flucht aus der Stadt antreten – und man braucht nicht einmal ein Auto dafür: Serfaus mag kritisch betrachtet kein unproblematischer Ort sein: Hier heroben, hoch über dem Inntal im Oberen Gericht gibt es kaum noch ein Haus, das

Sie sind ein faszinierender Anblick: die über die gesamte Höhe des Passivhausanbaus der Hotel-Pension Geiger im Tiroler Serfaus verlaufenden Fotovoltaikpaneele. Zwischen den Paneelen und der Fassade wurde ein geringer Zwischenraum belassen. Durch die Erwärmung entsteht darin ein Luftpolster, der als Verstärkung der Wanddämmung dient.

Angela Geiger, die ursprünglich Biologie studierte, das Studium aber aufgab, als sie mit ihrem Mann Peter das Hotel übernahm, befasst sich – sofern ihr der arbeitsintensive Hotelalltag dafür Zeit lässt – intensiv mit Heilkräutern. Viele davon (und ein wenig Gemüse) wachsen direkt vor ihrer Tür: Angela und Peter Geiger haben sich ihre Wohnung im Passivhausteil ihrer Hotel-Pension eingerichtet. Die Wohnqualität, sagen beide, ist einfach unvergleichlich.

nicht als Gastbetrieb geführt wird. Der Tourismus, das ist unübersehbar, ist die wichtigste Einnahmequelle des Ortes. Doch abgesehen von ein paar optischen Schmerzhaftigkeiten, was einzelne Großhotels im Tiroler Dreigestirn Serfaus – Fiss – Ladis betrifft, ist die alte Bausubstanz mit den kompakten alten Bauernhäusern samt ihren schützenden Satteldächern recht gut erhalten. Der Individualverkehr wird so weit wie möglich eingeschränkt, indem Autos zwar bis zu den Hotels fahren dürfen, der Verkehr im Ort und zu den Schiliften aber öffentlich – vor allem mit der Dorf-U-Bahn, die Gäste gratis benutzen dürfen! – abgewickelt wird. Und dann trifft man manchmal auch auf einen speziellen Hotel-Glücksfall, wie zum Beispiel auf die Hotel-Pension Geiger in der Untergasse.

Angela und Peter Geiger sind Ende der 1980er-Jahre ins eiskalte Wasser gesprungen, als sie von einem Onkel eine alteingesessene Pension erbten. Das schöne alte, wahrscheinlich aus dem sechzehnten Jahrhundert stammende Haus haben die beiden behutsam adaptiert und zu einem behaglichen Urlaubszuhause für ihre Gäste gemacht. Als es zu klein geworden war, dachten die Besitzer über einen Zubau nach – und sind mit ihm keinen Kompromiss eingegangen: moderne Architektur, die in einen zeitgemäßen Dialog mit der atemberaubend schönen alpinen Landschaft tritt und die gleichzeitig auf deren Erhaltung abzielt. So wurde der Zubau mit einem Passivhaus in höchster Qualität umgesetzt. In den Südhang gebaut, spielt es virtuos mit Farbe, Form – und Wohlbehagen. Klaus Mathoy, Architekt aus Ried im Oberinntal, hat mit dem Passivhaus ein ökologisches Gesamtkonzept verwirklicht: Die Baustoffe sind biologisch einwandfrei, die Zimmer wurden vorwiegend mit Zirbenholz (das nachgewiesenermaßen beruhigend auf den gesamten menschlichen Organismus wirkt) eingerichtet, das Energiekonzept ist technisch optimal und mit der Fotovoltaikanlage, die blau schimmernd die gesamte Ost- und Westfassade überzieht, optisch ein faszinierender Blickfang.

Die Zimmer im Passivhaus sind schlicht, modern, überaus großzügig geschnitten, verfügen über Terrassen mit herrlichem Blick und sind dabei mit ihrem Interieur, den feinen Betten und dem Holzduft sehr behaglich. Und nach einem Tag auf den sommerlichen Almen oder im Schnee kann man sich der Wellness-Oase des Hotels widmen: der zweistöckigen Panoramasauna, die dank der erstklassigen Dämmung schon vor dem Aufheizen gute vierzig bis fünfzig Grad Celsius hat, dem Dampfbad und der Infrarotkabine und dem Traum von einem Pool auf dem Dach, in den man drinnen einsteigt, um dann hinaus in das unendliche Bergpanorama zu schwimmen.

Jeder Kübel Beton für den Keller musste mit dem Hubschrauber auf den Hochschwab gebracht werden, ganz zu schweigen von den Bauelementen, als da unter anderem waren: Fertigbauteile aus Holz, die Holz-Alu-Fenster, das Lärchenholz für die Verschalung und die Fotovoltaikpaneele. Auf einer Seehöhe von 2154 Metern wurde im Jahr 2005 der Prototyp für energieeffizientes und ökologisches Bauen in alpinen Insellagen eröffnet. Geplant und das Bauprojekt auch geleitet haben die aus Wien stammenden »pos architekten« gemeinsam mit Treberspurg und Partner.

Last but not at least: Wanderern im Gebiet des obersteirischen Hochschwabs steht seit bald zehn Jahren ein alpiner Stützpunkt zur Verfügung, der seinesgleichen kaum irgendwo findet. Das Schiestlhaus, ein in die karge Landschaft eingebettetes, modernes Gebäude, geplant von der ARGE pos architekten sowie von Treberspurg & Partner Architekten, verbindet anspruchsvolle Architektur mit Nachhaltigkeit auf höchstem Niveau. Das Passivhaus auf über zweitausend Meter Seehöhe dient als Schutzhütte und wurde, weil seine Nutzung stark vom Wetter und der Jahreszeit abhängt, in Klimazonen organisiert: Um die ständig beheizbare Kernzone mit der Küche, der Gaststube und den Personalräumen wurde eine zweite, nach Bedarf beheizbare Zone angeordnet, die wiederum von den Nebenräumen, die nie einer Heizung bedürfen, umgeben ist.

Der Bau des Schiestlhauses war natürlich eine Herausforderung, musste man aufgrund seiner Lage die Montagezeiten doch so kurz wie möglich halten. Mit einem vorgefertigten Holz-Fertigteil-System, dessen geschosshohe Bauteile mittels Hubschrauber angeliefert und dann montiert wurden, löste man das Problem ebenso effizient wie elegant. Die Gestaltung der Fassade mit Solarkollektoren dient dem ästhetischen Anspruch und der Versorgung mit Energie. Wasser spendet der Himmel: Über das Dach wird Regenwasser gesammelt, gespeichert und aufbereitet. Die Symbiose aus markanter Architektur, den erfüllten Anforderungen, die ein Schutzhaus stellt, und der energieeffizienten Nachhaltigkeit ist beim Schiestlhaus nicht nur gelungen. Sie ist ungemein beeindruckend.

Dass die ökonomisch vertretbare und effiziente thermische Sanierung bei gleichzeitiger Erhaltung kulturhistorischer Bausubstanz eines historischen Altbaus möglich ist, bewiesen die Architekten Herwig und Andrea Ronacher aus Hermagor in Kärnten: Sie bauten das ehemalige Bauernhaus »vulgo Weber« zu einem touristisch nutzbaren Plus-Energie-Haus um. Das Interieur des Hauses wurde ganz neu organisiert. Es gibt nun drei Ferienwohnungen – eine im Erdgeschoss, zwei im ersten Obergeschoss – und im Dachgeschoss einen Mehrzweckraum, der sich perfekt für Seminare und Schulungen eignet.

Zum Team dieses aufwendigen Forschungsprojekts gehörten auch zwei Fachleute für Bauphysik beziehungsweise Statik. Die Firstausrichtung des alten Bauernhauses verläuft nahezu exakt in nordsüdlicher Richtung. Damit war klar, dass weder die geplante Fotovoltaikanlage noch die thermischen Solarkollektoren einen befriedigenden Wirkungsgrad erreichen würden. Das Problem wurde mit einem südwärts ausgerichteten Glasanbau ästhetisch ansprechend gelöst.

TUGENDHAFTER WOHNBAU

Lange war die Passivhaustechnologie auf Einfamilienhäuser beschränkt. Urbane Wohnkomplexe in Passivhausqualität waren Zukunftsmusik. Seit Herbst 2009 sind sie mit dem »Lodenareal« in Innsbruck lebendige Gegenwart. Die Schiebeelemente aus Glas an zwei der insgesamt sechs, jeweils paarweise angeordneten Wohnblocks erhielten mittels Siebdruck lebendige Motive als Blickfang. In diesem Fall ist es das Laubwerk von Eschen, einer im Inntal heimischen Baumart.

Wenn man es genau nimmt, ist das Einfamilienhaus gar keine so gute Idee. Die Landschaft wird zersiedelt, und die Häuser stehen oft so frei auf der grünen Wiese, dass es gar nicht anders geht, als dass wenigstens zwei Autos in ständigem Gebrauch sind. Die Zukunft, sagen einige Architekten, liegt in einem sinnvollen Umgang mit urbanem Raum. Und was wäre sinnvoller, als Mehrfamilienhäuser nach Passivhausstandards zu errichten?

Zu den vielen Irrmeinungen, die hartnäckig über Passivhäuser kursieren, zählt auch, dass energieoptimiertes Bauen ausschließlich auf dem Sektor Einfamilienhaus, im besten Fall noch als Reihenhaus für zwei Familien möglich ist. Wenn es um Passivhäuser geht, schiebt sich vielen die Vorstellung der gebauten Kiste mit kleinen Fenstern vor den Blick auf die Realität. Die Fakten sehen ganz anders aus: Im dritten Gemeindebezirk Wiens beispielsweise ist Europas größte Passivhaus-Wohnanlage, an der Architekten wie Adolf Krischanitz oder Johannes Kaufmann aus Dornbirn mitwirken, bald fertiggestellt. Doch in Innsbruck wurde mit dem »Lodenareal« als damals größter Passivhausanlage Europas bereits 2009 der Beweis dafür geführt, dass Passivhaus, Wohnanlage und ansprechende Architektur kein Widerspruch in sich, sondern längst gebaute Wirklichkeit ist.

Nach Plänen der Architekturwerkstatt din a4 wurde für das Areal der ehemaligen Tiroler Lodenfabrik an der Peripherie der Innsbrucker Reichenau – eine bevorzugte Lage zwischen Inn und Sill – ein städtebauliches Grundkonzept mit insgesamt sechs Wohnblocks verwirklicht. Die L-förmigen Blocks sind paarweise gegeneinander gestellt, sodass sich durch die Verschränkung große Innenhöfe ergeben. Fast fünfhundert Wohnungen wurden geschaffen, wobei die sechs Bauten paarweise verschiedenen Architekturbüros anvertraut worden waren: Bauteil I stammt von Markus Prackwieser, Othmar Zobl und Conrad Messner von din a4, Bauteil II mit hundertachtundzwanzig Wohnungen von der Architekturhalle Wulz-König und Bauteil III mit hundertfünfundsechzig Wohnungen von Dietmar Ewerz und Martin Gamper von teamk2 [architects].

Die Architektur der »Lodenareal«-Wohnanlage ist klar und gut strukturiert, bietet den Bewohnern funktionale Grundrisse und Freiraum auf Balkonen und Loggien, die teilweise mit beweglichen, rahmenlosen Glaselementen ganz nach Lust und Laune geschlossen oder geöffnet werden können. Die Innenhöfe zwischen den L-förmigen Blöcken wurden von der Monsberger Gartenarchitektur gestaltet, wobei genau darauf geachtet wurde, diese öffentlichen Bereiche in einen Kontext mit der umgebenden Landschaft zu stellen. Übrigens müssen die Bewohner die Etagen ihres jeweiligen Wohnhauses nicht zu Fuß erklimmen: es gibt maschinenraumlose Aufzüge mit energieeffizienter Schachtentlüftung.

In kleinerem Maßstab haben auch Poppe*Prehal Architekten aus Steyr, ein Mehrfamilienhaus geschaffen. In diesem Fall handelt es sich um das Projekt »Betreubares Wohnen«, ein Komplex, der im Ortszentrum des niederösterreichischen Ernsthofen realisiert und im Oktober 2009 den Wohnungswerbern übergeben wurde.

Siebzehn Wohnungen zwischen vierzig und neunzig Quadratmetern entstanden in einem attraktiven Massivbau, der dank niedriger Säulchen und raffinierter Außenraumbeleuchtung knapp über dem Boden zu schweben scheint. Laubengänge und mit Lärchenlatten verkleidete Loggien, die alle südseitig ausgerichtet sind, schaffen auch hier hohe Wohnqualität bei gleichzeitiger Energieeffizienz.

Auch im kleinen Vorarlberger Krumbach hat man Mehrfamilien-Passivhäuser errichtet, und zwar zwei Bauten, die von Hermann Kaufmann entworfen und von Günter Morscher realisiert wurden. Auch hier galt es, energieoptimiertes Bauen mit höchstmöglicher Wohnqualität in Einklang zu bringen. In den barrierefreien Häusern verfügt jede Wohnung entweder

Im Ortszentrum des niederösterreichischen Ernsthofen planten und errichteten die in Steyr ansässigen Architekten Helmut Poppe und Andreas Prehal eine so zeitgemäße wie funktionelle Wohnanlage für Menschen mit speziellen Wohnbedürfnissen. In dem zweigeschossigen Passivhaus gibt es siebzehn Wohnungen in unterschiedlichen Größen, deren jede mit einer großzügigen Loggia ausgestattet und barrierefrei ist.

Die barrierefreien Wohnungen im »Lodenareal« sind größtenteils nach zwei Seiten orientiert, wobei es nach Süden und Westen große Freiflächen, an den gegenüberliegenden Seiten kleinere gibt. Jeder der sechs Blocks ist durch vier Treppenhäuser strukturiert, die drei bis vier Wohnungen pro Geschoss erschließen. Erreichbar sind die Geschosse natürlich auch mit Aufzügen.

Im Ortszentrum von Krumbach in Vorarlberg, nicht weit von Bregenz, entwickelten der Architekt Hermann Kaufmann und der Bauträger Günter Morscher zwei Passivhäuser mit insgesamt siebzehn Wohnungen. Das Projekt ist eine Kombination aus gemeinnützigem und privatem Wohnbau, wobei in der Ausstattung keinerlei Konzessionen gemacht wurden: Alle Wohnungen haben das identische technische Equipment. Die beiden Mehrfamilienhäuser verfügen außerdem über eine zweihundertvierzig Quadratmeter große Fotovoltaikanlage.

über einen Garten oder über großzügige überdachte Terrassen. Rampen mit geringem Gefälle ersetzen Treppen als Zugänge zu den Häusern, ein Aufzug verbindet die Etagen und das Antlitz der Häuser spiegelt – wie man das an der Zusammenarbeit dieses Architekten und seines Bauträgers in besonderem Maße schätzt – die hohe Kunst der Vorarlberger Bautradition mit viel Holz wider.

In der Grazer Moserhofgasse schließlich hat der Architekt Erwin Kaltenegger ein Studentenheim im Passivhausstandard errichtet. Der kühle, helle Bau bekommt Witz und erregt Aufmerksamkeit durch seine Fenster, die scheinbar unregelmäßig in unterschiedlichen Formaten die Fassade akzentuieren. Das im Spätsommer 2010 an die Wohnungwerber übergebene Haus erstreckt sich über sechs Geschosse und bietet sowohl Ein- als auch Zwei- und Dreibettstudios sowie Gemeinschaftsräume. Um die Energieeffizienz auf den höchstmöglichen Standard zu bringen, wurden eine Solar- und eine Fotovoltaikanlage installiert.

Der Passivhausstandard, das stellen diese ausgewählten Beispiele unter Beweis, ist für Mehrfamilienhäuser nicht Zukunftsmusik, sondern von seinen Bewohnern längst überaus hoch geschätzte Realität.

In der Moserhofgasse, nahe zur Grazer Innenstadt, entstand nach einem Entwurf des Architekten Erwin Kaltenegger dieses Passivhaus-Studentenheim in Massivbauweise. Das kompakte, sechsgeschossige Gebäude birgt in seiner Mitte ein asymmetrisches Atrium, das sich über alle Stockwerke erstreckt, wodurch auch das Erdgeschoss und die unteren Etagen viel Licht bekommen. Der Strombedarf des Studentenheims wird zum Teil mit einer Fotovoltaikanlage auf dem Dach des Fahrradabstellplatzes abgedeckt.

WESENTLICHES ZUM PASSIVHAUSSTANDARD

Das Passivhaus blickt auf zwanzig Jahre Erfolgsgeschichte zurück, und in all diesen Jahren wurde viel über diesen Baustandard berichtet. Der eine oder andere Leser stellt sich vielleicht dennoch die Fragen: Was ist ein Passivhaus und was unterscheidet es von all den anderen Bauweisen?

Auf einen Nenner gebracht ist das Passivhaus die konsequente Weiterentwicklung des Niedrigenergiehauses. Bereits 1991 wurde der Passivhausstandard von Prof. Dr. Wolfgang Feist klar definiert.

Das Passivhaus nutzt in erster Linie die Sonnenenergie, das heißt, Fensterflächen und Ausrichtung des Gebäudes werden so geplant, dass die Sonneneinstrahlung optimal genutzt wird. Dabei (und um Wärmeverluste zu minimieren) hilft die Beachtung einiger grundlegender Regeln wie die Verwendung von Fenstern mit Dreifachverglasung, sehr gute Dämmung der Außenhülle, ein möglichst kompakter Baukörper, hervorragende Gebäudedichtheit, die Vermeidung von Wärmebrücken und eine kontrollierte Komfortlüftungsanlage mit Wärmerückgewinnung. Passivhausplaner und -architekten nutzen für die Planung und energetische Berechnung das »Passivhaus Projektierungs-Paket« (PHPP), ein Rechenprogramm, mit dem bereits bei der Planung die Verwendung der geeigneten Komponenten definiert und bezogen auf den Standort der Heizwärmebedarf (HWB) berechnet wird. Dieser Wert wurde von Prof. Dr. Feist aufgrund physikalischer Gesetzmäßigkeiten mit maximal 15 kWh/(m²a) definiert, das heißt, pro Quadratmeter Nettonutzfläche werden nicht mehr als maximal 15 kWh im Jahr zusätzliche Energie für die Heizung benötigt. Bis zu diesem Heizwärmebedarf und einer gewissen Größe kann ein Passivhaus ausschließlich über die hygienisch erforderliche Zuluftmenge beheizt werden. Das spart Kosten und Ressourcen.

Passivhausstandard bedeutet auch, dass zusätzlich zur solaren Einstrahlung innere Energiequellen wie Beleuchtung, elektrische Geräte und die »Abwärme« der Bewohner zur Beheizung des Hauses beitragen. Der verbleibende, äußerst geringe Restwärmebedarf kann auf verschiedene Art gedeckt werden – meist über eine Kleinstwärmepumpe und das Belüftungssystem oder über ergänzende konventionelle Systeme.

Aufgrund der relativ gleichmäßigen Oberflächentemperatur der umschließenden Bauteile, des permanenten Luftaustausches und der kontrollierten Abfuhr von Feuchtigkeit und Gerüchen stehen Gebäude im Passivhausstandard für unübertroffene Behaglichkeit bei gleichzeitig minimalen Heizkosten. Als Nebeneffekt bietet die gefilterte und staubarme Zuluft ein gesundes Raumklima, was insbesondere für Allergiker von großem Nutzen ist. Wohlbefinden und Konzentrationsfähigkeit steigen erheblich, was in Studien und Praxistests eindeutig nachgewiesen wurde. Aufgrund dieser Erfahrungen wurden inzwischen verschiedene Schulen und Kindergärten mit Passivhauskomponenten saniert und kontrollierte Be- und Entlüftungsanlagen eingebaut.

Für die Bewohner bedeutet dies, stets über ein gesundes Raumklima zu verfügen und sich trotz extrem niedriger Energiekosten im Passivhaus äußerst wohlzufühlen. Natürlich wurde das Passivhaus weiterentwickelt, wurden Erfahrungen eingebracht, und so werden inzwischen auch Kamine, Speicheröfen, Saunen oder Aufzüge in Passivhäuser integriert. Die zukünftigen Bewohner müssen auf nichts verzichten.

Kann das funktionieren? Ja! Das beweisen mehr als siebentausend Passivhäuser und Wohnungen, die bereits in Österreich errichtet wurden. Österreich hat bezogen auf die Einwohnerzahl die größte Passivhausdichte weltweit. In Innsbruck steht das derzeit größte Passivhaus der Welt, das »Lodenareal« mit 354 Wohneinheiten, das 2009 bezogen wurde. In Wien ist auf den Aspanggründen die Wohnanlage Eurogate mit über eintausend Wohneinheiten bereits im Bau.

Natürlich ist der Passivhausstandard nicht auf Einfamilienhäuser und Wohnanlagen beschränkt. In den letzten Jahren wurden auch Supermärkte, Betriebsgebäude, sakrale Bauten, Schulen, Kindergärten, Alten- und Pflegeheime, Studentenwohnheime, Hotels, Messehallen und sogar eine Justizvollzugsanstalt im Passivhausstandard errichtet. Das am höchsten gelegene Passivhaus ist die Schutzhütte Schiestlhaus auf dem Hochschwab in der Steiermark.

Sinnvoll ist es natürlich, alle Neubauten im Passivhausstandard zu planen und zu realisieren. Einige Gemeinden in Österreich haben bereits jetzt die Vorteile und Sinnhaftigkeit erkannt und schreiben alle öffentlichen Bauprojekte ausschließlich im Passivhausstandard aus. Europaweit ist dies im Neubau bis spätestens Ende 2020 quasi Pflicht.

Bei der Produktion dieses Buches haben wir, der Christian Brandstätter Verlag in Zusammenarbeit mit der IG Passivhaus Steiermark-Burgenland, uns zum Ziel gesetzt, nicht die Technik in den Vordergrund zu stellen und bis ins Detail zu erklären, warum und wie das Passivhaus funktioniert. Wir wollen vielmehr anhand von Beispielhäusern (im Passivhausstandard, Passivhaus-nahe Gebäude sowie Sanierungen mit Passivhauskomponenten) zeigen, dass es attraktiv ist, in solchen Häusern zu wohnen und zu leben. Zur besseren Orientierung finden Sie hier, im Anhang, auch die technischen Daten und Planskizzen zu jedem auf den vorangegangenen Seiten vorgestellten Objekt.

Lassen Sie sich von diesem Buch inspirieren, vielleicht werden Sie die Reportagen zum Anlass nehmen, Ihr nächstes Haus ebenfalls im Passivhausstandard zu planen. Abgesehen davon, dass Sie sich in solchen Häusern unbeschreiblich wohlfühlen werden, sparen Sie Energie und die Mehrinvestition zahlt sich aus.

Für Beratungen und Detailinformationen stehen Ihnen gerne die Mitglieder der Interessengemeinschaft Passivhaus (IG Passivhaus) in den einzelnen Bundesländern zur Verfügung. Weitere Informationen finden Sie auch auf www.igpassivhaus.at beziehungsweise der Homepage des Passivhaus Institutes Darmstadt www.passiv.de.

Mit sonnigen Grüßen
Ihre IG Passivhaus Steiermark-Burgenland

Passivhaus kinderleicht

Projekt:	EFH Feirer
Architekt:	Arch. Martina Feirer
WNF:	148,90 m²
HWB:	17 kWh/(m²a) nach PHPP
Energiekonzept:	Komfortlüftung mit Wärmerückgewinnung, Sommerbox für den Sommerbetrieb, Erdwärmetauscher, Hypocauste im Wohnraum, Leitung auf das Dach für Fotovoltaik vorbereitet, Anschluss für E-Paneel im Wohnraum vorgesehen.
Bauweise:	Holzelemente mit Stegträger, OSB, außen Holzfaserplatte, ausgeblasen mit Cellulose.
Keller:	kein Keller
Erstbezug:	2008
Standort:	Wiener Neustadt / Niederösterreich
Verwendung ökologischer Baustoffe:	Holz, Hanfdämmung, Zellulose, Holzfenster geölt, Holzboden geölt. Für die WC-Spülung und die Gartenwasserleitung ist ein geschlagener Brunnen vorgesehen.

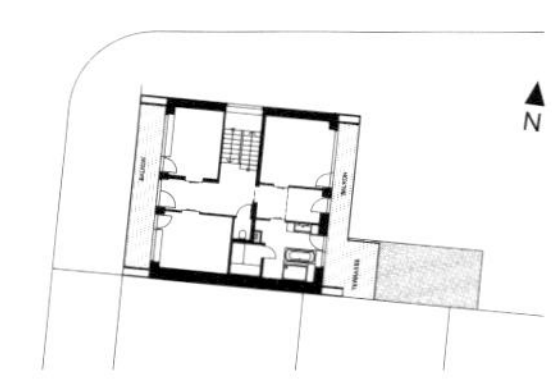
OBERGESCHOSS

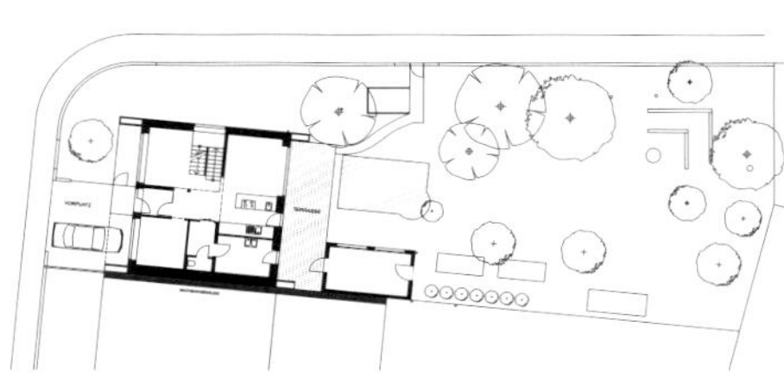
ERDGESCHOSS

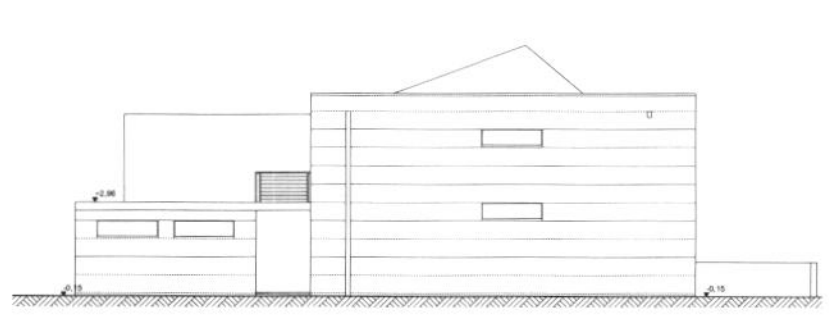
NORDANSICHT

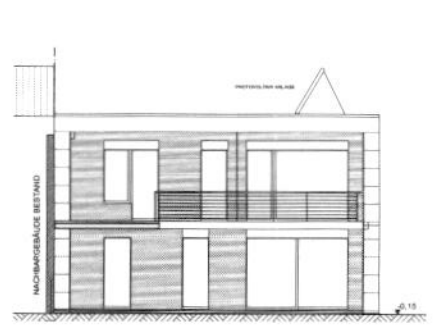
OSTANSICHT

WESTANSICHT

Das Maß der Dinge

Projekt:	EFH Prehal
Architekt:	Poppe*Prehal Architekten
WNF:	210 m²
HWB:	14 kWh/(m²a) nach PHPP
Energiekonzept:	Komfortlüftung mit Wärmerückgewinnung, Wärmepumpe, vollflächige Fußbodenheizung
Bauweise:	Holzleichtbau
Keller:	54 m² Keller ebenerdig (in den Hang integriert)
Erstbezug:	2006
Standort:	Steyr / Oberösterreich

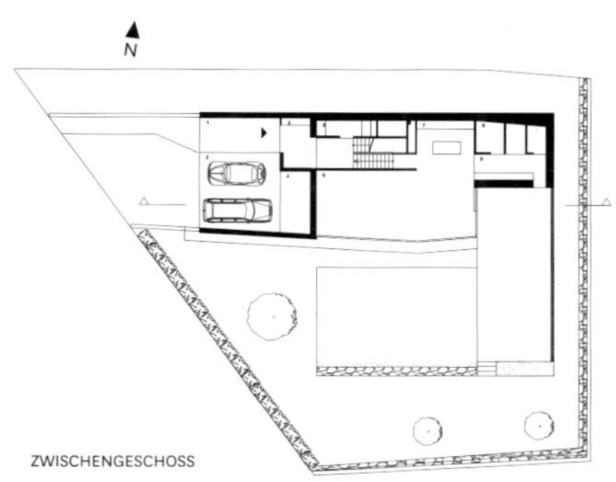
ZWISCHENGESCHOSS

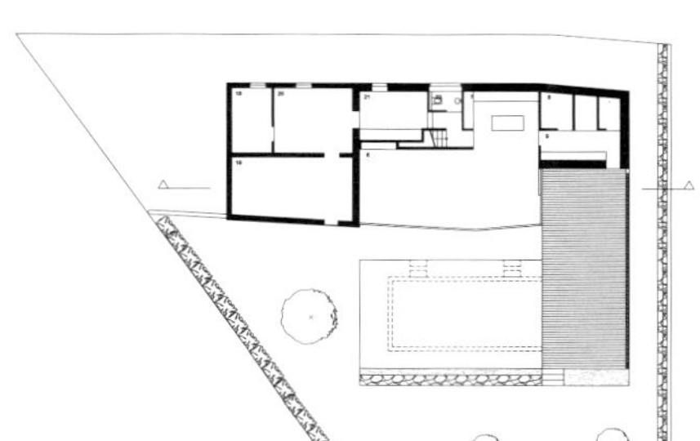
ERDGESCHOSS

OBERGESCHOSS

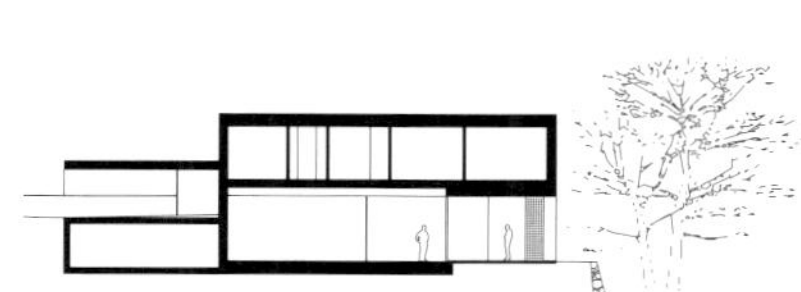
SCHNITT

Im Schatten der Kanisfluh

Projekt:	EFH Morscher
Architekt:	Arch. DI Hermann Kaufmann ZT GmbH
WNF:	175 m²
HWB:	14,8 kWh/(m²a) nach PHPP
Energiekonzept:	Komfortlüftung mit Wärmerückgewinnung, Soleerdreichwärmetauscher, Fußbodenheizung (Teilfläche), offener Kamin
Bauweise:	Mischbau
Keller:	Technikraum, Abstellräume
Erstbezug:	2007
Standort:	Mellau / Vorarlberg

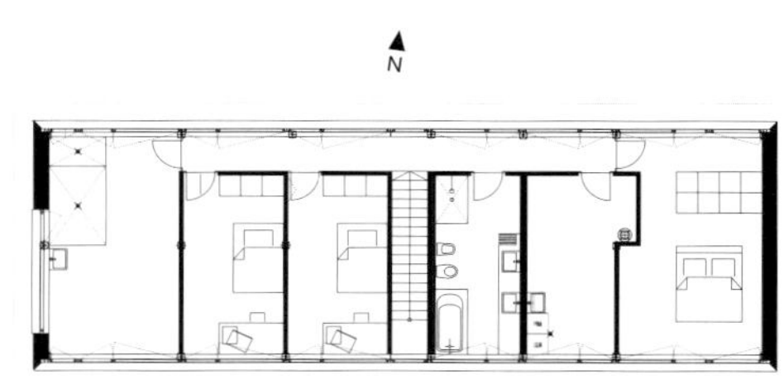
OBERGESCHOSS

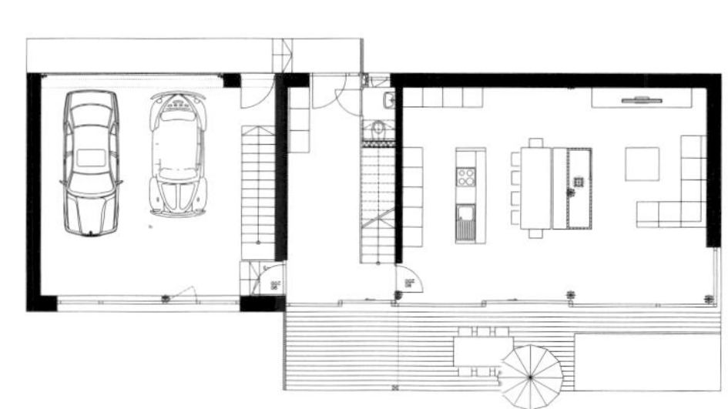
ERDGESCHOSS

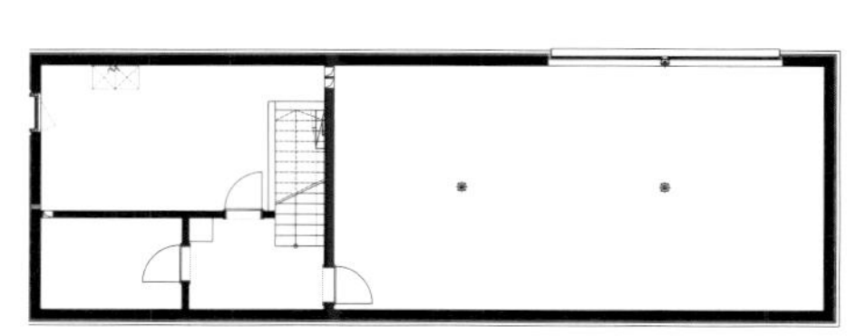
KELLERGESCHOSS

Das Haus am grünen Meer

Projekt: EFH Trattner, Scharfetter
Architekt: LP architektur / Arch. DI Tom Lechner
WNF: 169 m²
HWB: 10,46 kWh/(m²a) nach PHPP
Energiekonzept: Wärmepumpe mit Dachflächenkollektoren, Wohnraumlüftung mit Wärmerückgewinnung, Fußbodenheizung
Bauweise: Massiv-Holzbau
Keller: nicht vorhanden
Erstbezug: 2010
Standort: Radstadt / Land Salzburg

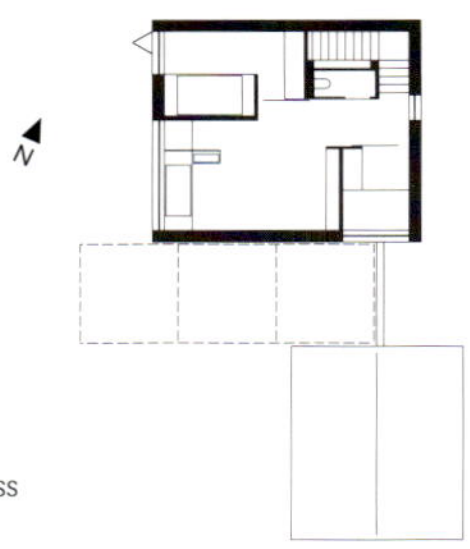
OBERGESCHOSS

ERDGESCHOSS

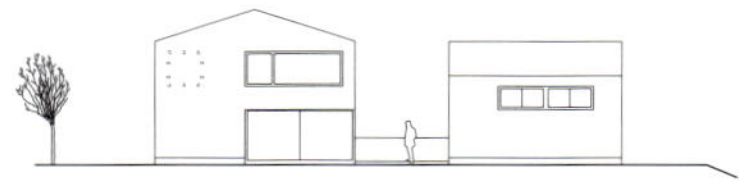
WESTANSICHT

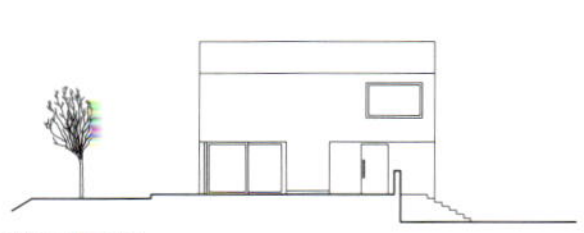
SÜDANSICHT

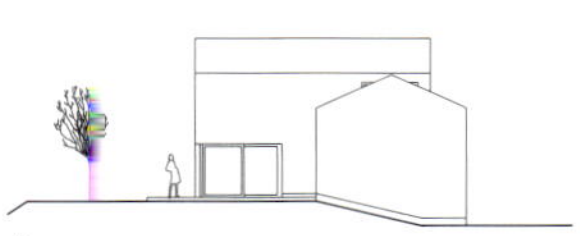
SÜDANSICHT

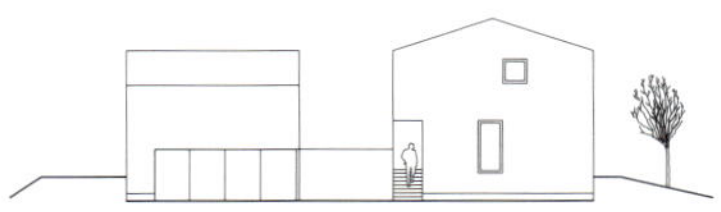
OSTANSICHT

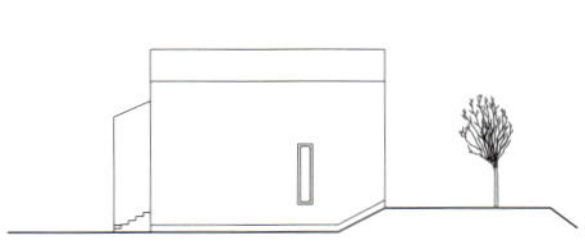
NORDANSICHT

Im zweiten Anlauf

Projekt: EFH Erhart-Fink
Architekt: DI Brigitte Fink
WNF: 160 m²
HWB: 14 kWh/(m²a) nach PHPP
Energiekonzept: Erdwärmetauscher, Komfortlüftung mit Wärmerückgewinnung
Bauweise: Mischbauweise
Keller: ja, außerhalb der thermischen Hülle
Erstbezug: 2005
Standort: Bad Häring / Tirol

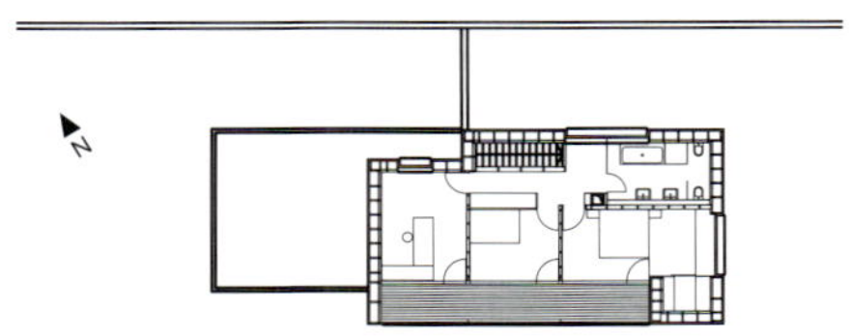
OBERGESCHOSS

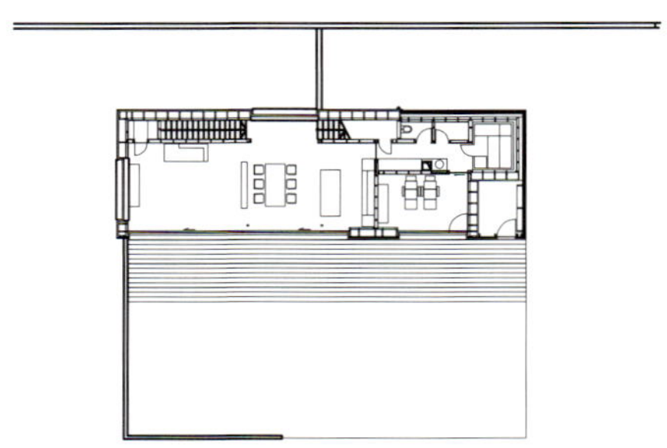
ERDGESCHOSS

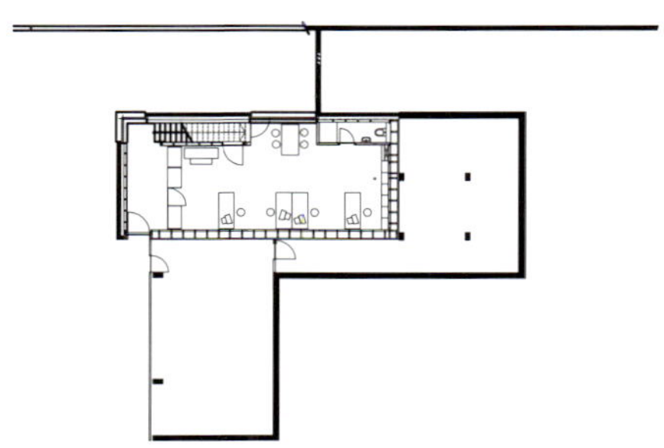
UNTERGESCHOSS

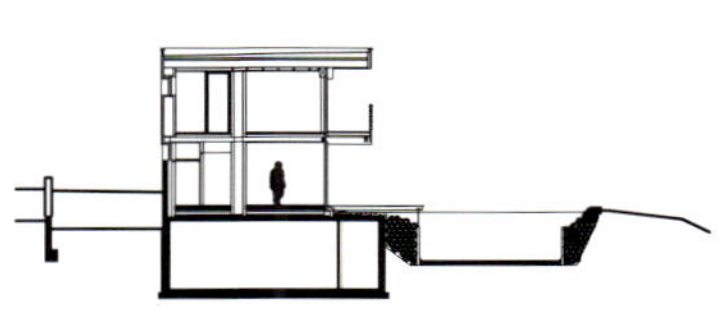
SCHNITT

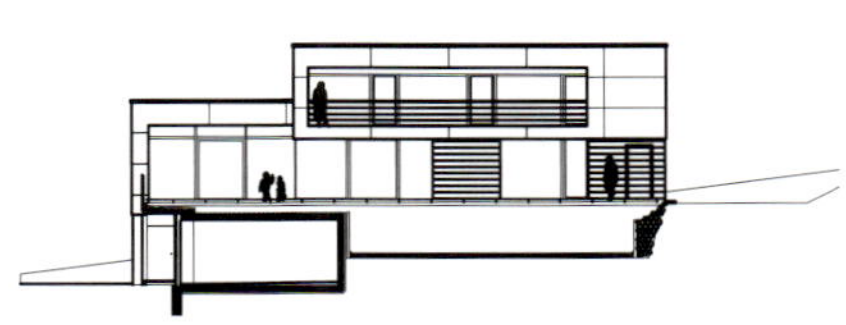
SÜDWESTANSICHT

Kühn gelandet

Projekt: EFH Sperl
Architekt: Arch. DI Erwin Kaltenegger
WNF: 142 m²
HWB: 14,5 kWh/(m²a) nach PHPP
Energiekonzept: 4,9 kWp Fotovoltaik, Erdreichwärmetauscher, Komfortlüftung mit Wärmerückgewinnung, Infrarot-Strahlungs-Heizung im Wohnraum
Bauweise: Holzständerbauweise mit Zellulosedämmung zwischen den Stegträgern
Keller: 50 m² Garage, Lager ebenerdig, außerhalb der thermischen Hülle
Erstbezug: 2007
Standort: Gutenberg / Steiermark

GRUNDRISS

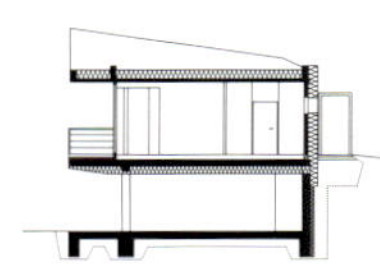
SCHNITT

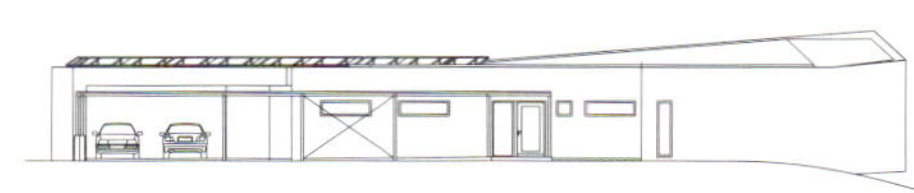
NORDOSTANSICHT

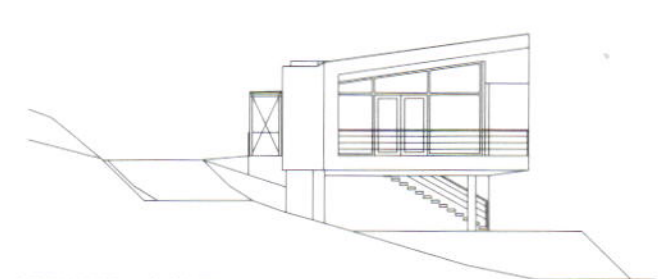
NORDWESTANSICHT

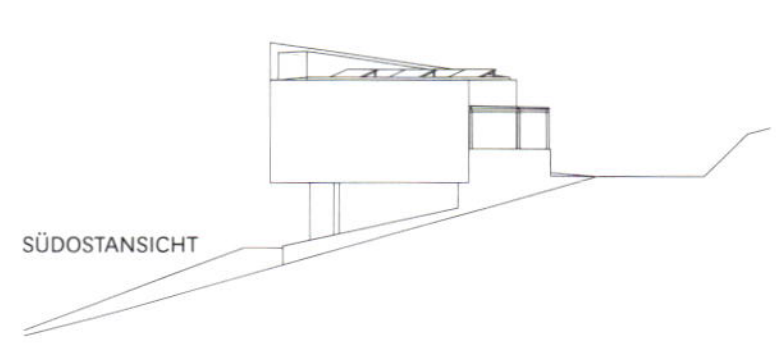
SÜDOSTANSICHT

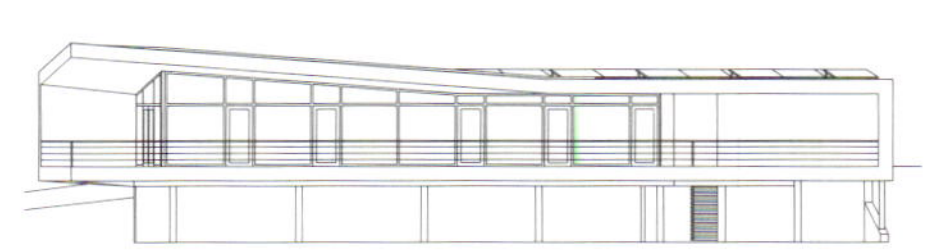
SÜDWESTANSICHT

Ein Haus aus Licht und Raum

Projekt:	EFH Hammerer
Architekt:	maaars architecture zt gmbh
WNF:	130 m²
HWB:	14 kWh/(m²a) nach PHPP
Energiekonzept:	Fotovoltaik, Luftwärmetauscher, Komfortlüftung mit Wärmerückgewinnung, Luftvorwärmung, Bioethanolfeuerstelle
Bauweise:	Massivholzbau (Kreuzlagenholz)
Keller:	60 m² im Untergeschoss, außerhalb der thermischen Hülle
Erstbezug:	2008
Standort:	Sistrans / Tirol

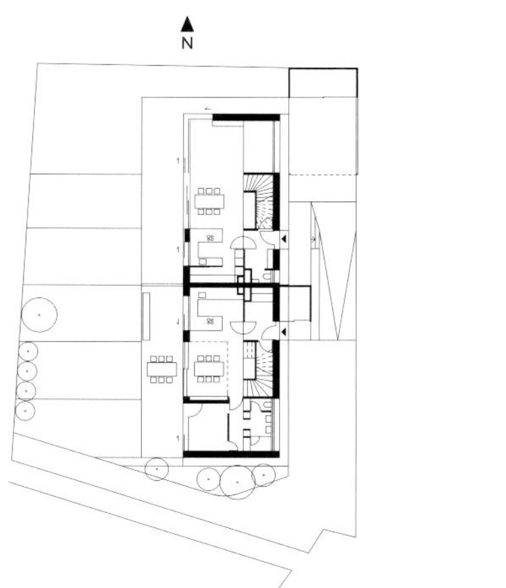

GRUNDRISS

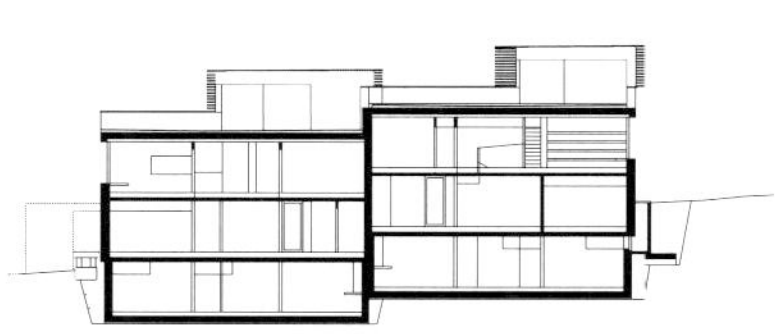

SCHNITT WEST

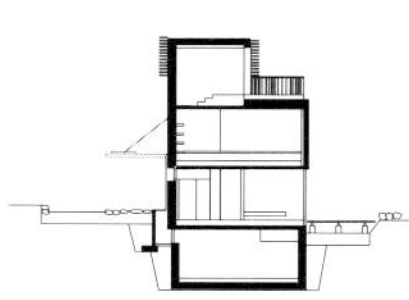

SCHNITT NORD

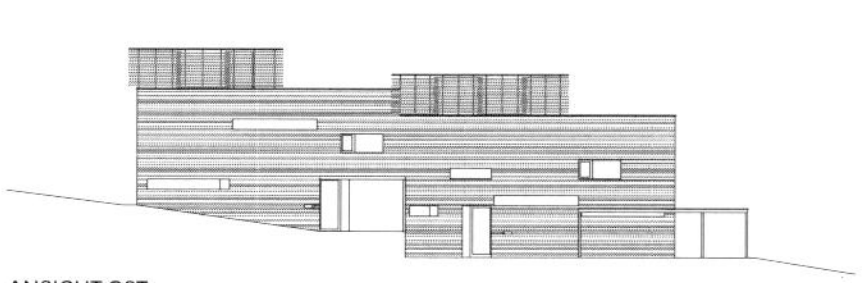

ANSICHT OST

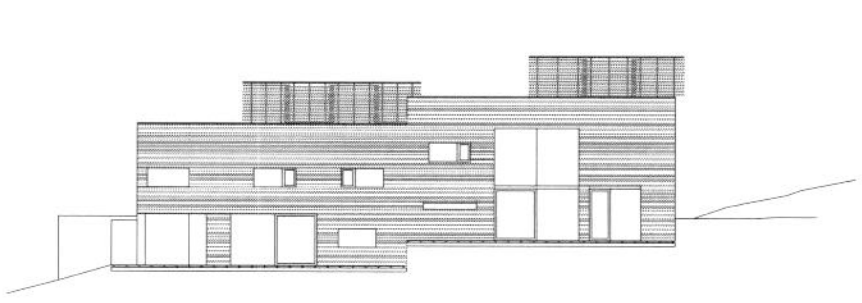

ANSICHT WEST

Der perfekte Bungalow

Projekt:	EFH
Architekt:	Mag. arch. Andreas Lang
WNF:	356 m²
HWB:	18 kWh/(m²a) nach PHPP
Energiekonzept:	Tiefenbohrung, Wasser-Wärmetauscher, Komfortlüftung mit Wärmerückgewinnung, vollflächige Fußbodenheizung, offener Kamin
Bauweise:	Ziegelmassivbau
Keller:	42 m² Lager ebenerdig, außerhalb der thermischen Hülle
Erstbezug:	2008
Standort:	Wien

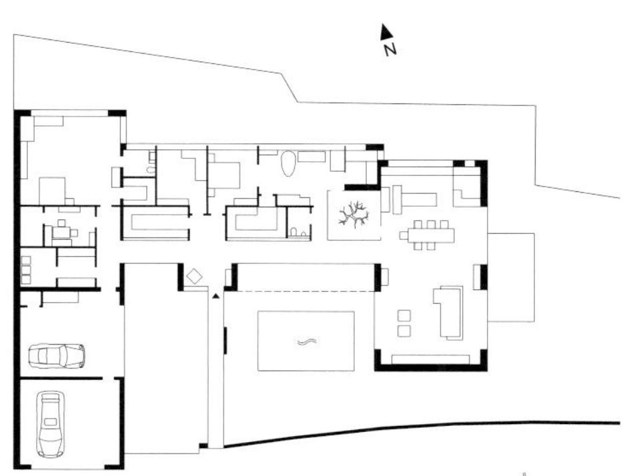

GRUNDRISS

ANSICHT SÜD

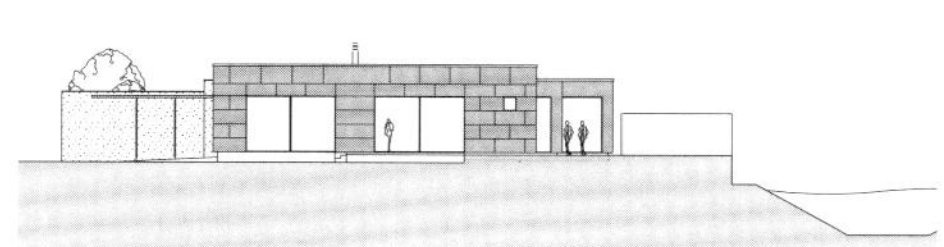

ANSICHT OST

ANSICHT NORD

Der Mittelpunkt des Landes

Projekt	EFH Schmied
Architekt:	ah3 Architekten ZT GmbH, Projektleiter: DI Martin Bukovski
WNF:	165 m²
HWB:	15 kWh/(m²a) nach PHPP
Energiekonzept:	Luft/Wasser-Wärmepumpe kombiniert mit Anschluss für thermische Sonnenkollektoren vollflächige Fußbodenheizung, Komfortlüftung mit Wärmerückgewinnung und integrierter Warmwasserbereitung
Bauweise:	Holzriegelbau mit Massivholzdecken
Nebengebäude:	35 m² Lager ebenerdig, außerhalb der thermischen Hülle, Weinkeller unter Nebengebäude, Doppelcarport
Erstbezug:	2005
Standort:	Kapelln / Niederösterreich

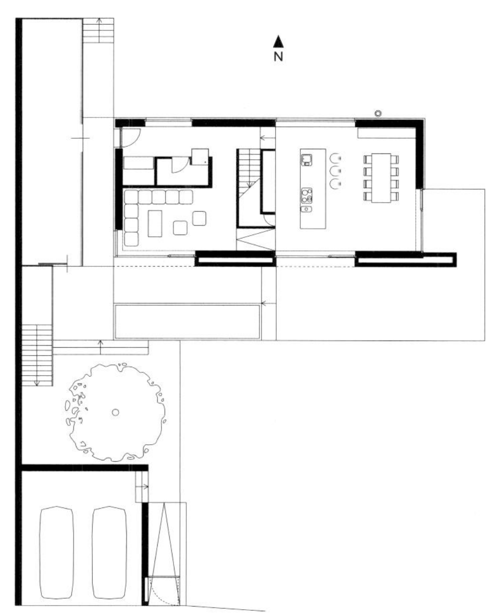

GRUNDRISS

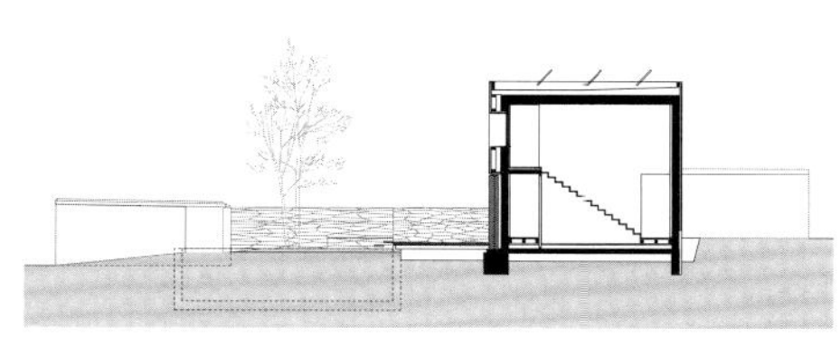

SCHNITT

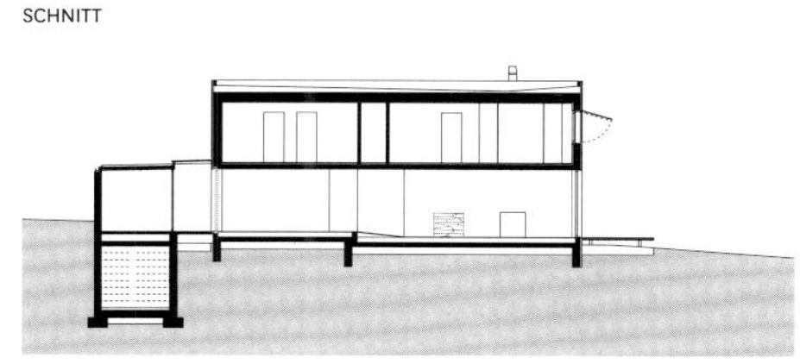

SCHNITT OST-WEST

Glücksarchitektur in Terrassenform

Projekt:	EFH Eisenberger
Architekt:	Arch. DI Erwin Kaltenegger
WNF:	213,86 m²
HWB:	15,10 kWh/(m²a) nach PHPP
Energiekonzept:	Sole-Erdwärmetauscher, Komfortlüftung mit Wärmerückgewinnung
Bauweise:	Ziegelmassivbau
Keller:	28 m², außerhalb der thermischen Hülle
Erstbezug:	2009
Standort:	Graz-Kainbach / Steiermark

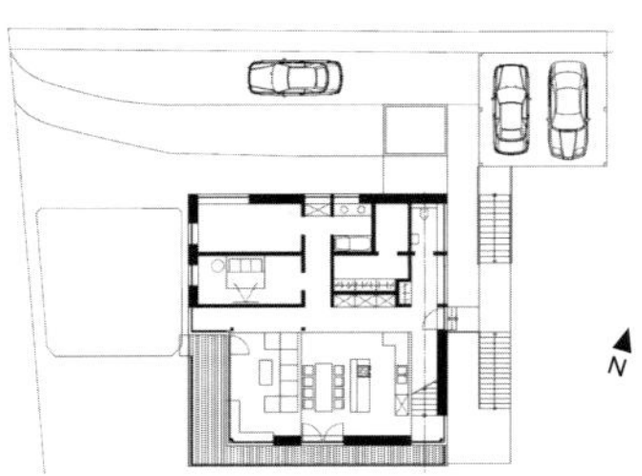

ERDGESCHOSS

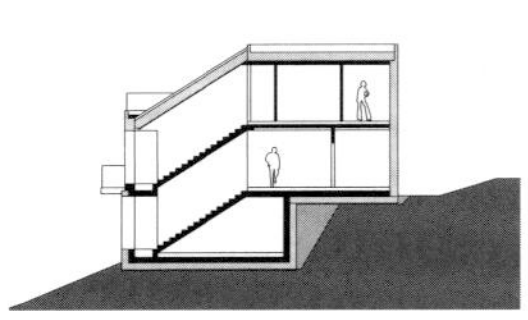

SCHNITT

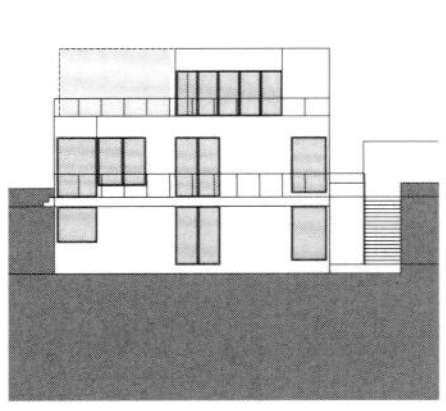

SÜDANSICHT

WESTANSICHT

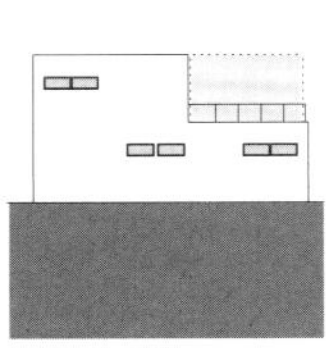

NORDANSICHT

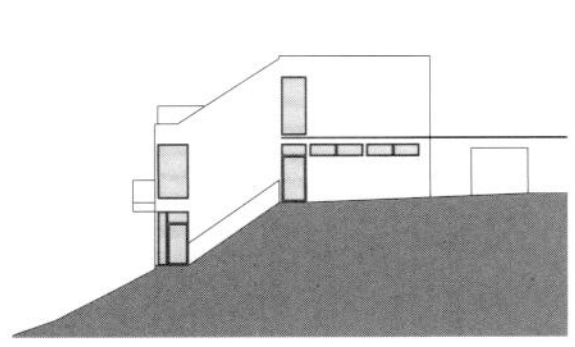

OSTANSICHT

Präzise Linienführung

Projekt:	EFH Zabrodsky, zertifiziertes Passivhaus mit Sonnendeck
Architekt:	Arch. DI (FH) Thomas Abendroth
WNF:	186 m²
HWB:	13 kWh/(m²a) nach PHPP
Energiekonzept:	Kompaktlüftungsgerät mit integrierter Wärmepumpe und Sommerbox. Frostfreie Zuluft über Erdreichwärmetauscher. Das Gebäude wird ausschließlich mit Luft aus der Lüftungsanlage beheizt. Zur Sicherheit gibt es ein Nachheizregister im Zuluftrohr. Im Badezimmer gibt es zusätzlich noch einen elektrisch betriebenen Handtuchheizkörper.
Bauweise:	Ziegelmassivbau aus 25 cm Porotherm-Ziegel
Keller:	85 m² Keller innerhalb der thermischen Hülle
Erstbezug:	März 2007
Standort:	Gerasdorf bei Wien
Zertifiziert:	ja nach PHI, Klima:aktiv-Passivhaus mit 905 von 1000 Punkten

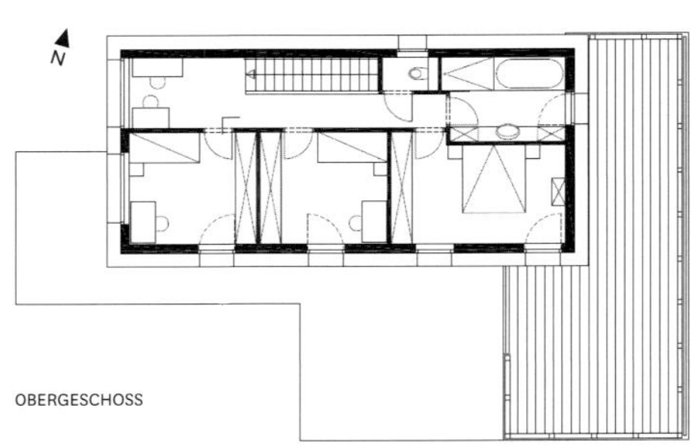

OBERGESCHOSS

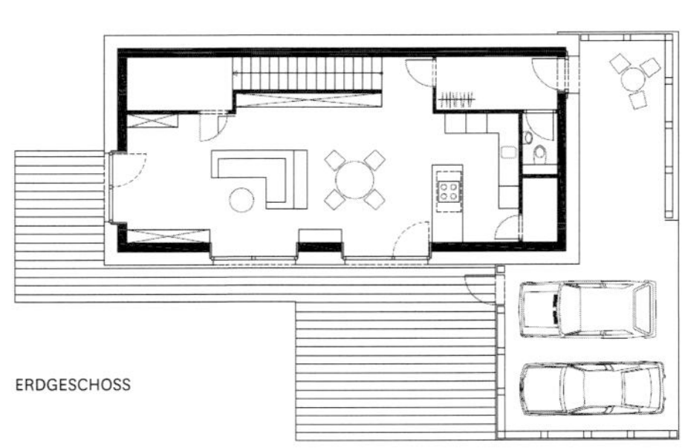

ERDGESCHOSS

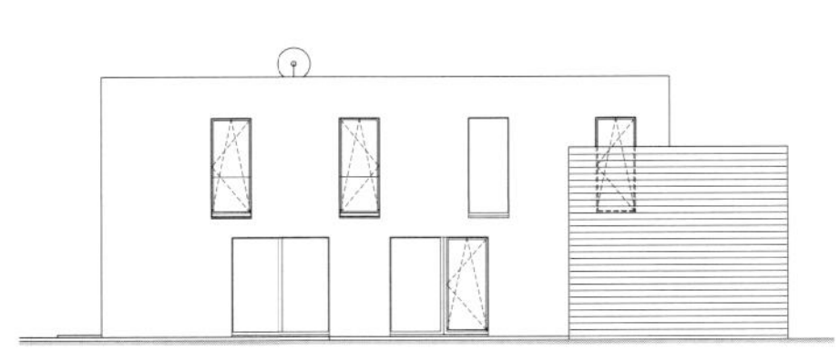

SÜDANSICHT

Work in Progress

Projekt:	EFH Gastgeber-Possert
Architekt:	Arch. DI Barbara Gastgeber-Possert
WNF:	180 m² Wohnraum und 40 m² Büro
HWB:	19 kWh/(m²a) nach OIB
Energiekonzept:	Erdwärmetauscher, kontrollierte Komfortlüftung mit Wärmerückgewinnung, Fußbodenheizung (Gang, Bäder, Wohnräume Untergeschoss), Wandheizung (Wohnräume EG), Kachelofen (in Kombination mit Wohnraumbelüftung)
Bauweise:	Ziegelmassivbau
Keller:	50 m² Lager, Technik
Erstbezug:	2008
Standort:	Graz / Steiermark

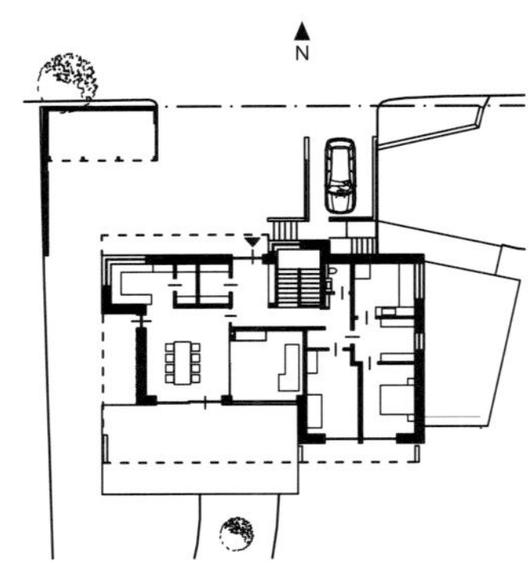

ERDGESCHOSS

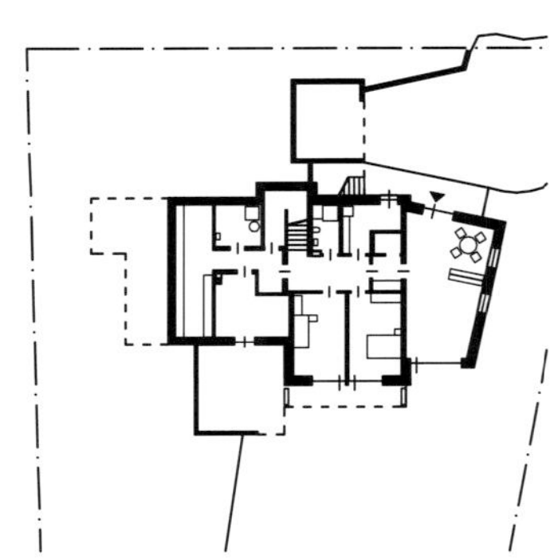

UNTERGESCHOSS

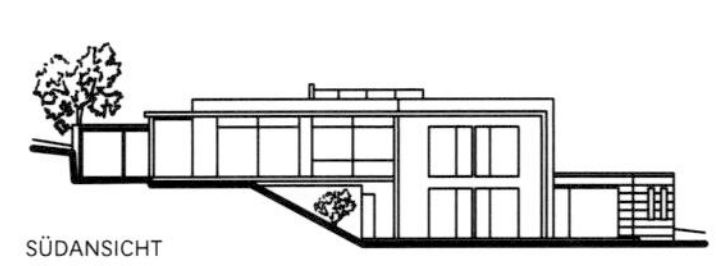

SÜDANSICHT

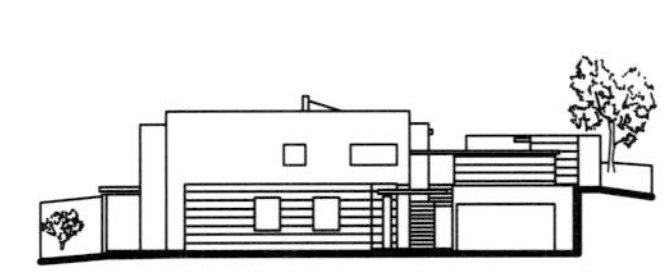

WESTANSICHT

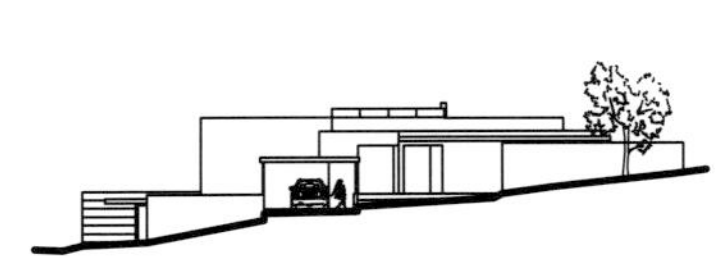

NORDANSICHT

Multifunktionalität in Idealform

Projekt: EFH Anita Rainer und Günter Scheer
Architekt: Architekt Reinberg und Martha Enríquez-Reinberg, Architekturbüro Reinberg, ZT GesmbH.
WNF: 139 m²
HWB: 14 kWh/(m²a) nach PHPP
Energiekonzept: Komfortlüftung mit Wärmerückgewinnung (Kompaktgerät mit Wärmepumpe und mit Speicher), Wandheizung in Lehmputz, außenluftbetriebener Stückgutofen, Sole-Wärmetauscher, passive Solarnutzung.
Bauweise: Holz/Stroh/Lehmbau
Keller: 19 m² Lager ebenerdig, außerhalb der thermischen Hülle sowie 11 m² Keller
Erstbezug: 2009
Standort: Hohe Wand / Niederösterreich

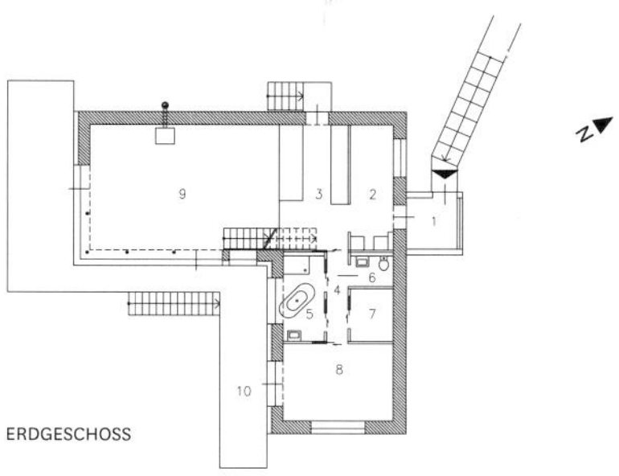
ERDGESCHOSS

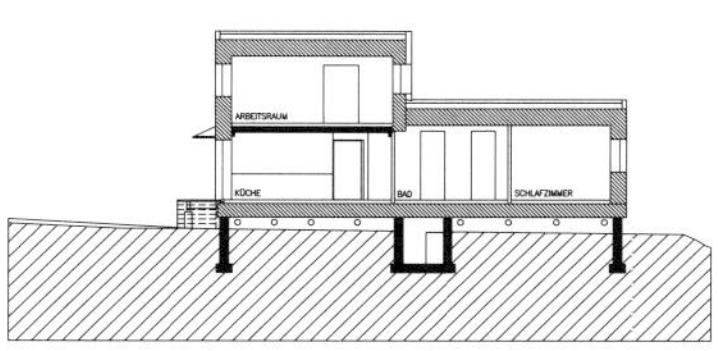
SCHNITT

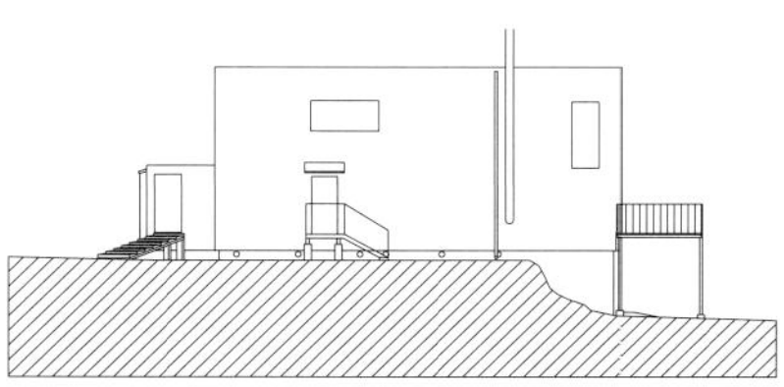
NORDWESTANSICHT

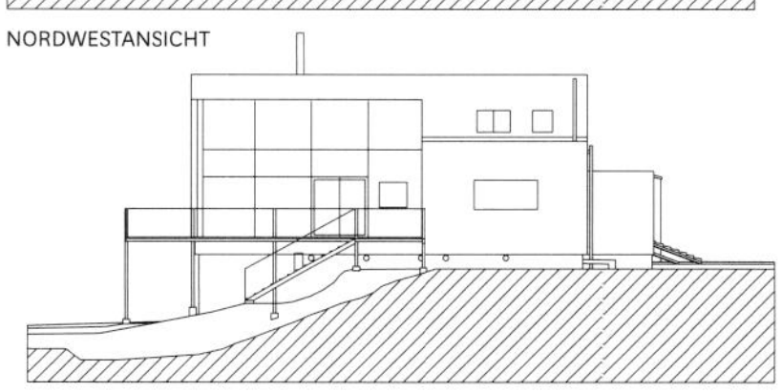
SÜDOSTANSICHT

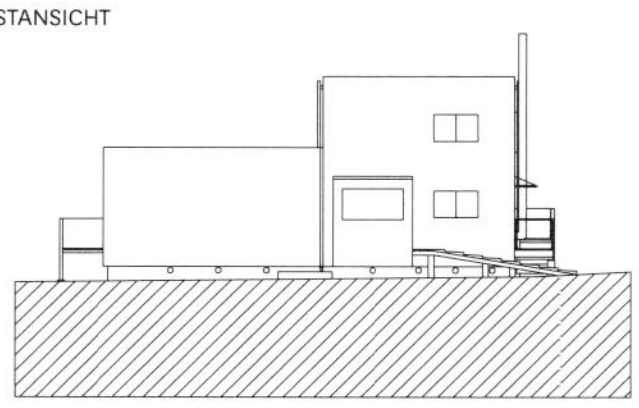
NORDOSTANSICHT

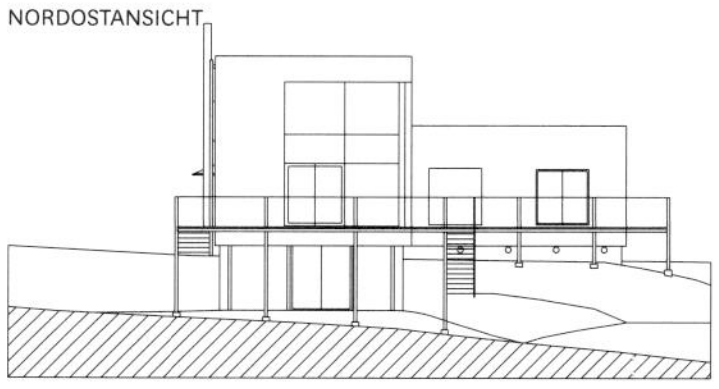
SÜDWESTANSICHT

Bauhaus reloaded

Projekt: EFH Krause
Architekt: active-SUNCUBE; Ing. Dieter Tscharf
WNF: 126 m²
HWB: 14,2 kWh/(m²a) nach PHPP
Energiekonzept: Lüftung mit Wärmerückgewinnung und ein Infrarotpaneel im EG; keine zusätzliche Heiztechnik! Innovative Solar-Monoplatte ohne Fußbodenaufbauten, lediglich Betonbeschichtung als Belag, solar hochwirksam und damit energieeffizient; außenliegende Beschattung durch Raffstore; Erdreich-Vorwärmung der Außenluftzufuhr
Bauweise: Massivbau; Ziegel 25 cm und WDVS 28 cm
Keller: nicht unterkellert
Erstbezug: 2007
Standort: Klagenfurt / Kärnten

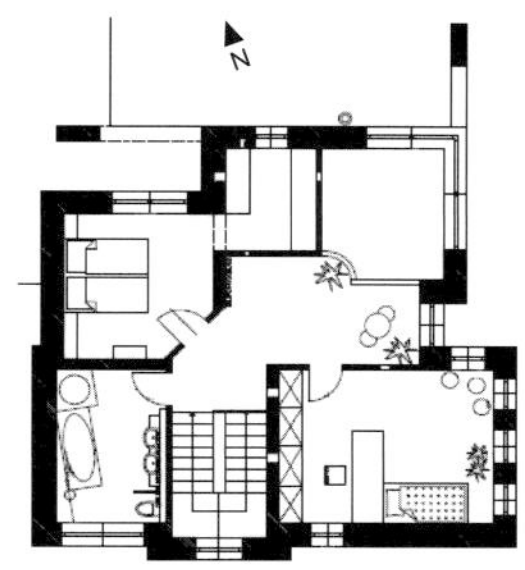
OBERGESCHOSS

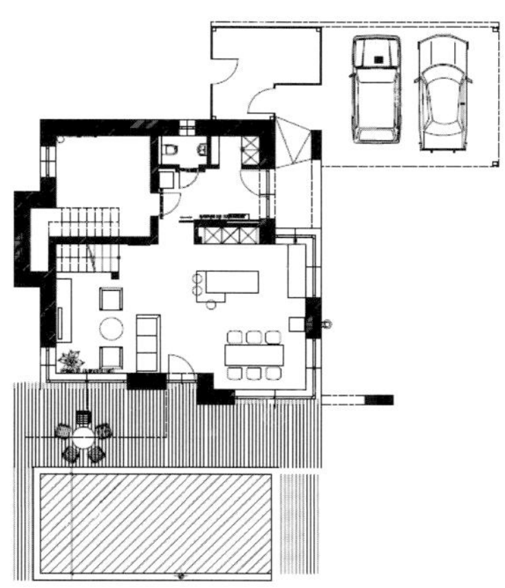
ERDGESCHOSS

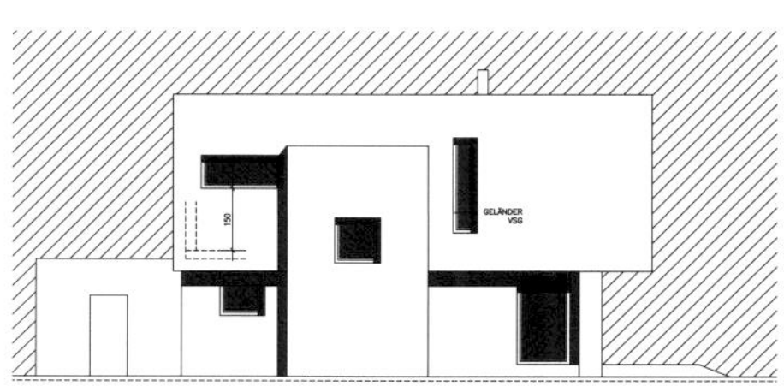
WESTANSICHT

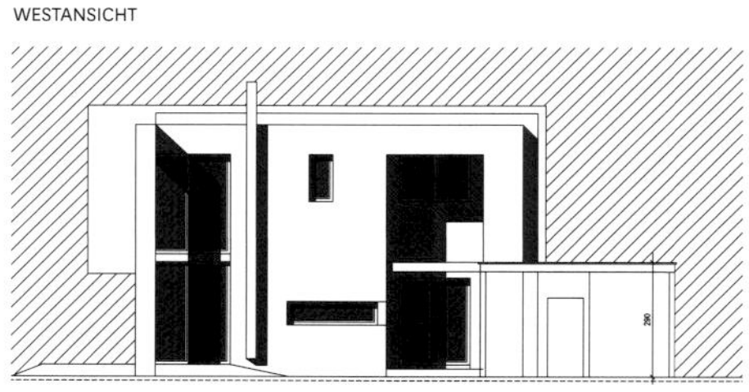
OSTANSICHT

Ganz in Weiß

Projekt: EFH Gabriel mit Büro
Architekt: Arch. DI Gerhard Kopeinig
WNF: 543,66 m²
Untergeschoss 171,16 m²
Erdgeschoss 203,88 m² (ohne Terrassen)
Obergeschoss 168,62 m²
HWB: 14 kWh/(m²a) nach PHPP
Energiekonzept: Komfortlüftung mit Wärmerückgewinnung, Wärmepumpe (Erdwärme), vollflächige Fußbodenheizung, offener Kamin
Bauweise: Mischbauweise
Erstbezug: 2006
Standort: Velden am Wörthersee, Kärnten

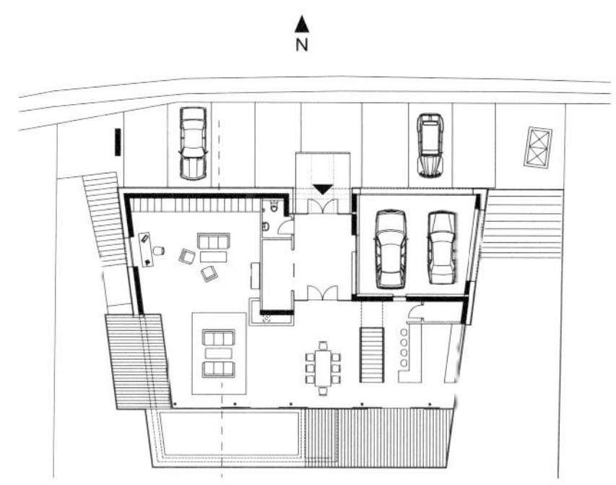
OBERGESCHOSS

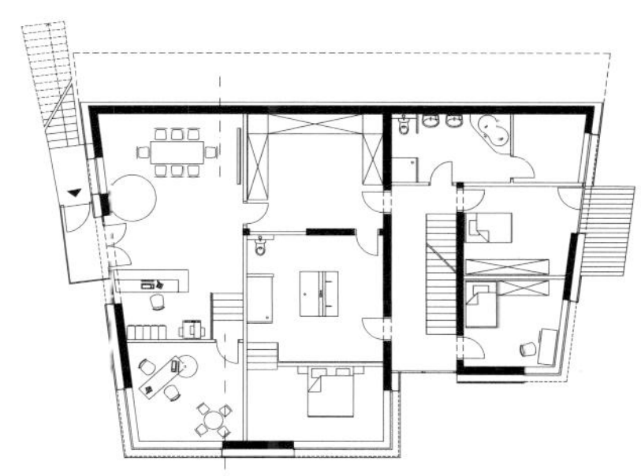
ERDGESCHOSS

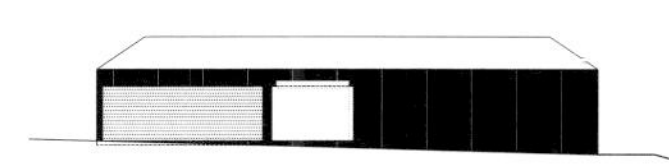
NORDANSICHT

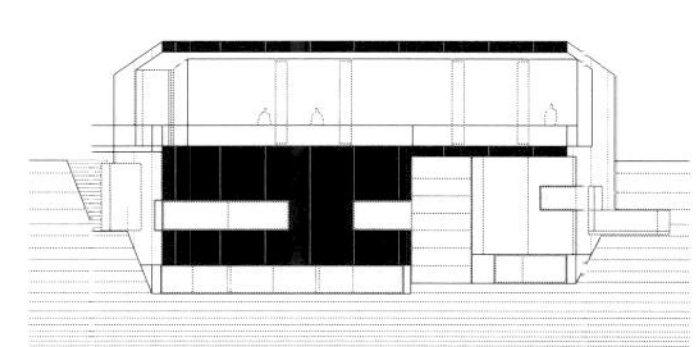
SÜDANSICHT

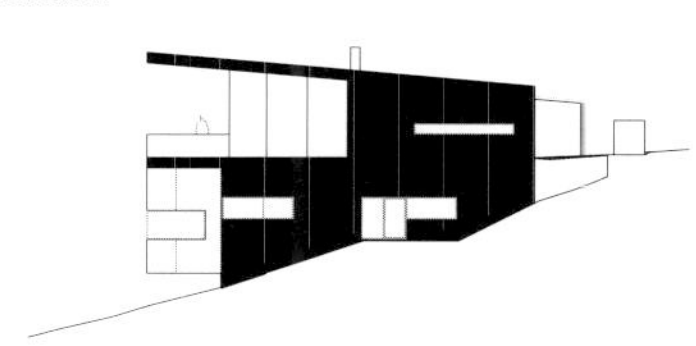
OSTANSICHT

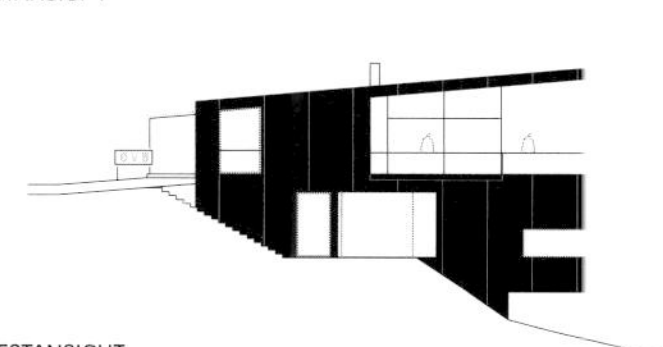
WESTANSICHT

Gut Ding braucht manchmal Weile

Projekt:	EFH Fahrafellner
Architekt:	Arch. DI Hermann Proyer, Proyer & Proyer Architekten OG
WNF:	212,4 m²
HWB:	15 kWh/(m²a) nach PHPP
Energiekonzept:	Kontrollierte Wohnraumlüftung mit Wärmepumpe, Wärmerückgewinnung, Warmwasseraufbereitung über Wärmepumpe der Wohnraumlüftung und Wärmetauscher für Warmwasseraufbereitung mit Pufferspeicher mit Anschluss für Fußbodenheizung zur Einbringung der Restwärme. Feststoffofen als Zusatzheizung sorgt für den Restwärmebedarf. Die Solevorwärmung für die kontrollierte Lüftung ist als Soleerdwärme mit Wärmepumpe (Zusatzheizung) ausgebildet. Eine Fotovoltaikanlage, dachintegriert auf dem Kalzipdach, ist als amorphe Folienbeschichtung ausgelegt auf 4 kWp.
Bauweise:	Zum Erdreich Beton, Ständerbauweise mit Fertigteilplatten, ausgefüllt mit Zellulose.
Keller:	ja, außerhalb der thermischen Hülle
Erstbezug:	2009
Standort:	Rohrbach an der Gölsen / Niederösterreich

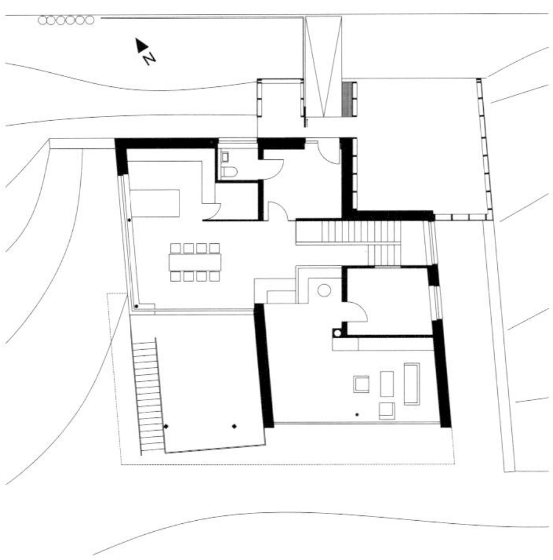

ERDGESCHOSS

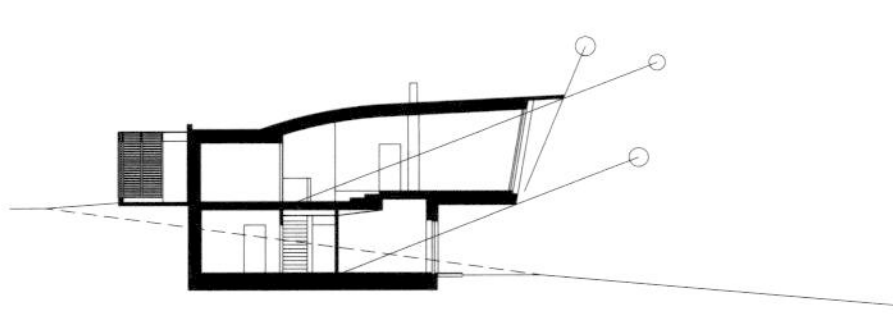

SCHNITT

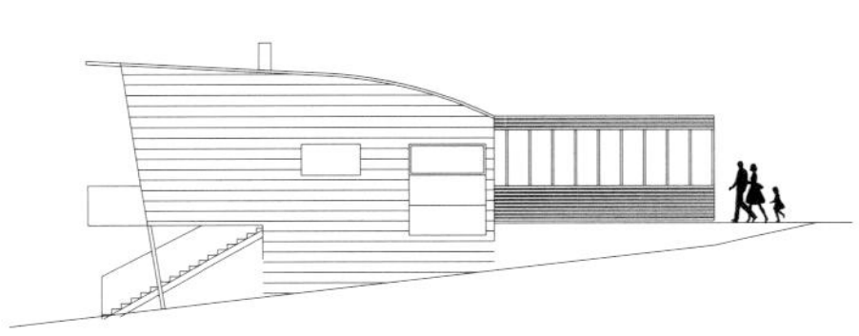

OSTANSICHT

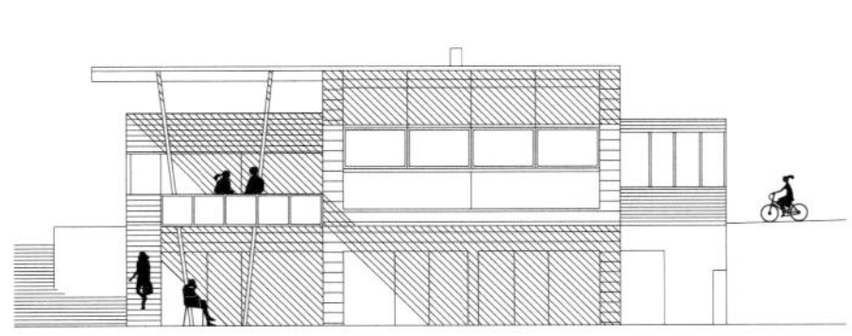

SÜDANSICHT

Das Glashaus

Projekt:	EFH Neuherz
Architekt:	Arch. DI Erwin Kaltenegger
WNF:	230 m²
HWB:	14,7 kWh/(m²a) nach PHPP
Energiekonzept:	19,5 kWp Fotovoltaik, Therm. Solarkollektoren, Erdreichwärmetauscher, Komfortlüftung mit Wärmerückgewinnung, Pellets – Einzelofen im Wohnraum
Bauweise:	Mischbau (Beton, Stahl, Holz)
Keller:	49 m² Garage, Keller ebenerdig, außerhalb der thermischen Hülle
Erstbezug:	2003
Standort:	Gleisdorf / Steiermark

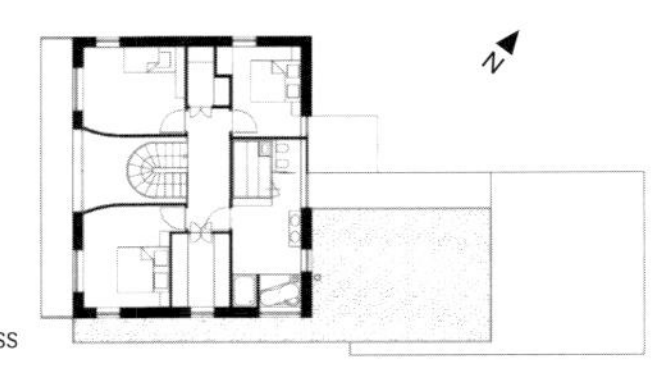

OBERGESCHOSS

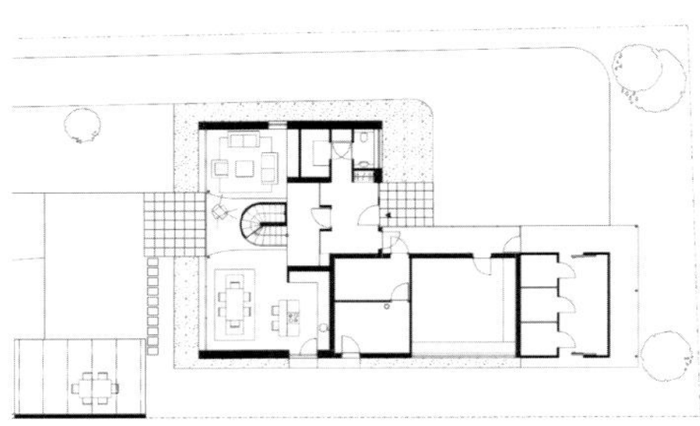

ERDGESCHOSS

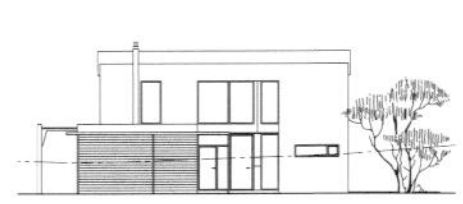

NORDOSTANSICHT

SÜDOSTANSICHT

SÜDWESTANSICHT

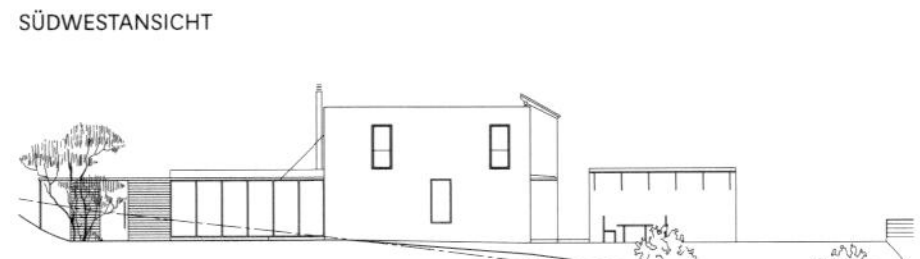

NORDWESTANSICHT

Wohnen in der Scheune

Projekt:	EFH Scheiblechner, Sanierung mit PH-Komponenten
Architekt:	Georg W. Reinberg, Architekturbüro Reinberg ZT GesmbH
WNF:	194 m²
HWB:	29 kWh/(m²a) nach PHPP
Energiekonzept:	Passive Solarnutzung, Komfortlüftung mit Wärmerückgewinnung, aktive thermische Solarnutzung (30 m² Kollektoren und 3.000 Liter Speicher), Holz-Stückgutofen, Wandheizung
Bauweise:	Massivbau: Brettsperrholz Innengebäude sowie Steinbau Außenhülle Bestand
Keller:	Kunstgalerie: 98 m² ebenerdig – außerhalb der thermischen Hülle
Erstbezug:	2008
Standort:	Palfau / Steiermark

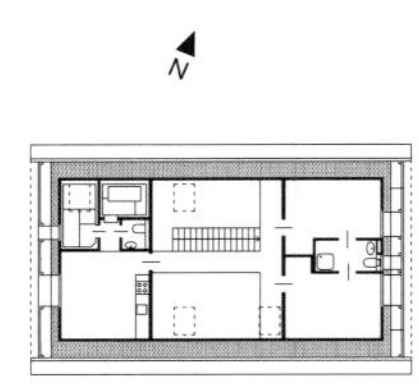

2. OBERGESCHOSS

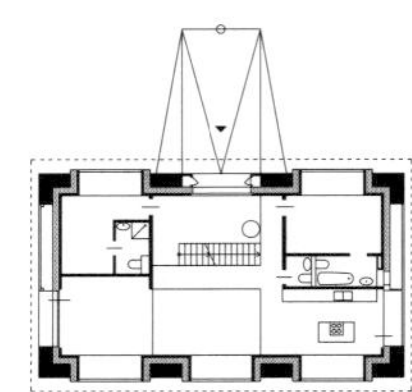

1. OBERGESCHOSS

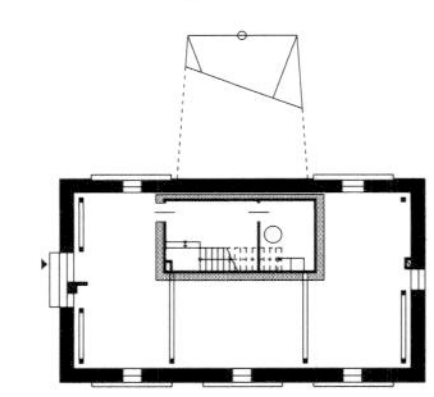

ERDGESCHOSS

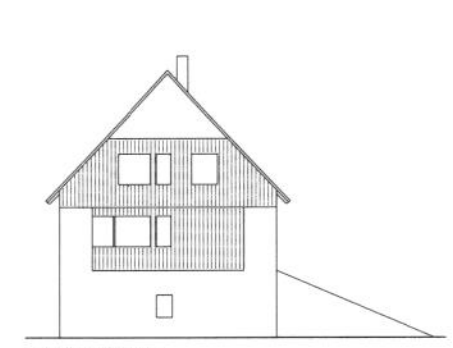

OSTANSICHT

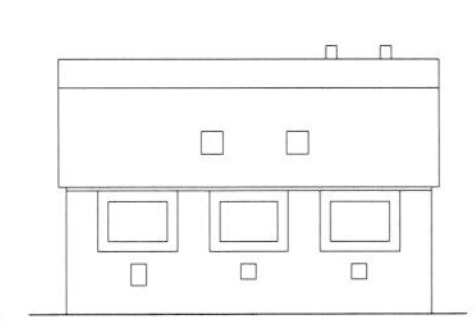

SÜDANSICHT

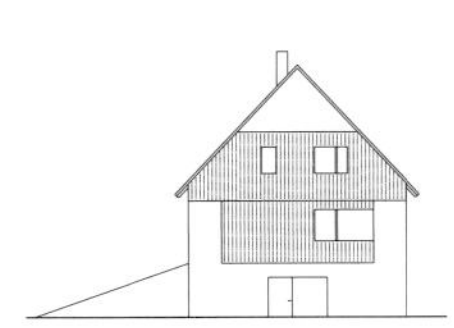

WESTANSICHT

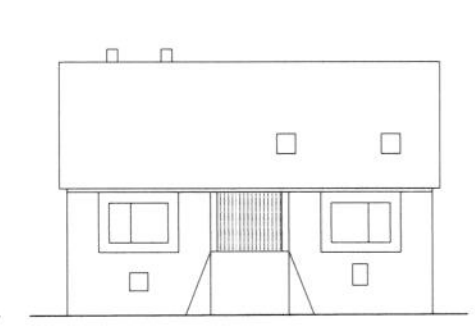

NORDANSICHT

Haus mit Anstieg

Projekt: EFH Kramer
Architekt: LP architektur / Arch. DI Tom Lechner
WNF: 197 m²
HWB: 17 kWh/(m²a) nach PHPP
Energiekonzept: Wärmepumpe mit Tiefenbohrung, Wohnraumlüftung mit Wärmerückgewinnung, Fotovoltaikanlage, thermische Solaranlage, Fußbodenheizung
Bauweise: erdberührend: Beton
oberirdisch: Holz-Riegelbau
Keller: 73 m² Technik / Lagerraum – außerhalb der thermischen Hülle
Erstbezug: 2010
Standort: Radstadt / Land Salzburg

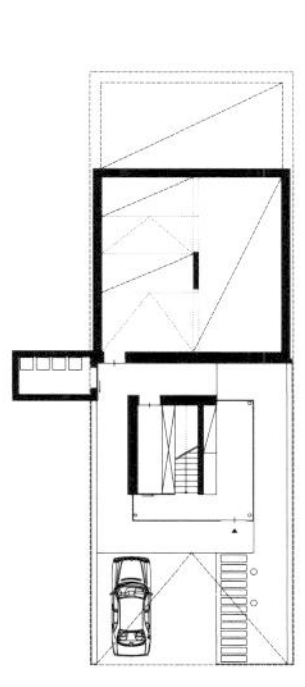

ERDGESCHOSS

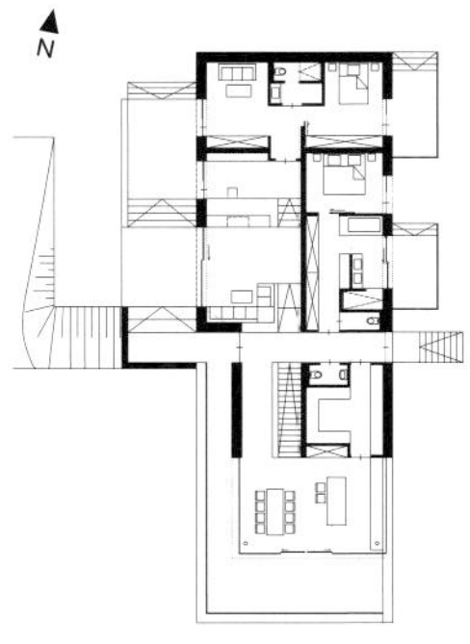

OBERGESCHOSS

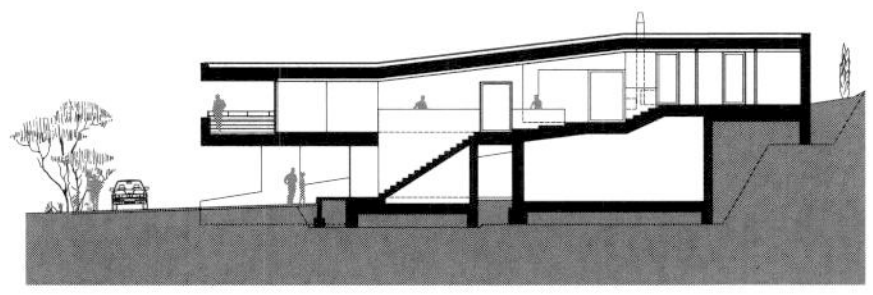

SCHNITT

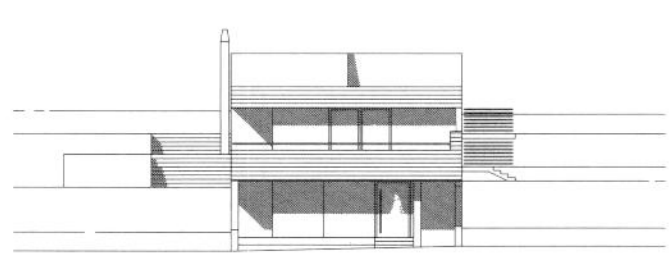

SÜDANSICHT

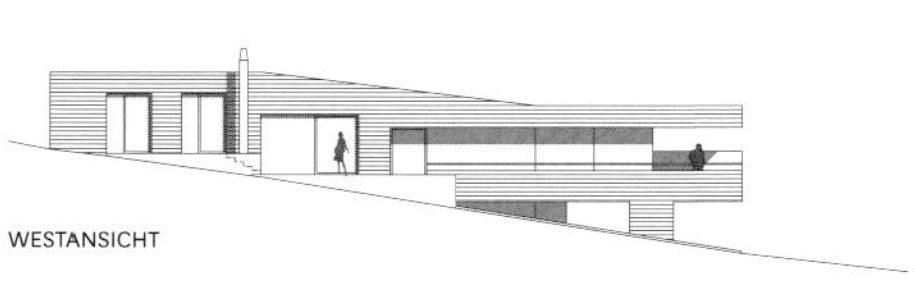

WESTANSICHT

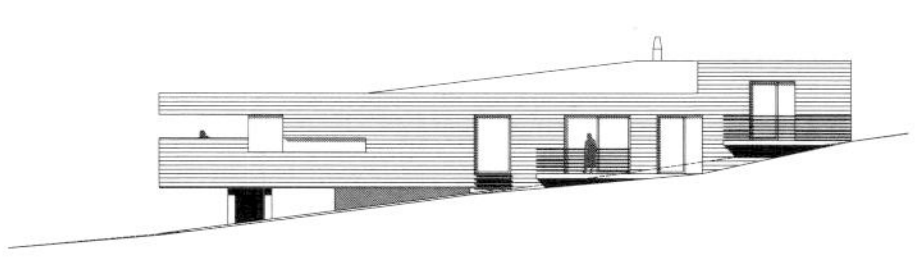

OSTANSICHT

Das Haus des Sammlers

Projekt: EFH Reisenhofer
Architekt: Arch. DI Erwin Kaltenegger
WNF: 263,42 m²
HWB: 14,4 kWh/(m²a) nach PHPP
Energiekonzept: 5,0 kWp Fotovoltaik, Luftwärmetauscher, Komfortlüftung mit Wärmerückgewinnung, offener Kamin (Bioethanol)
Bauweise: Ziegelmassivbau
Keller: 89,5 m² Garage und Lager ebenerdig, außerhalb der thermischen Hülle
Erstbezug: 2006
Standort: Nöstl / Steiermark

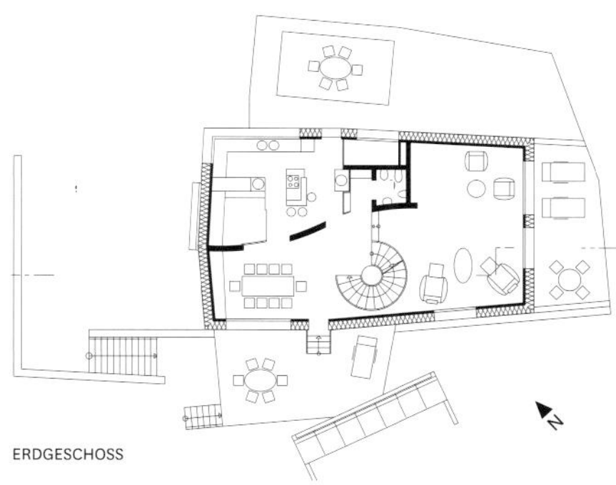

ERDGESCHOSS

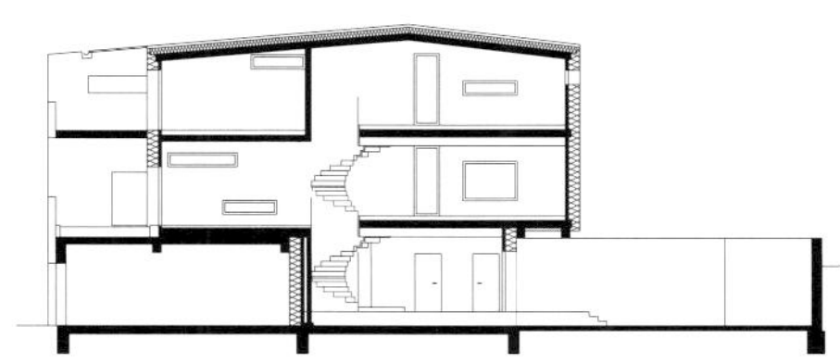

SCHNITT

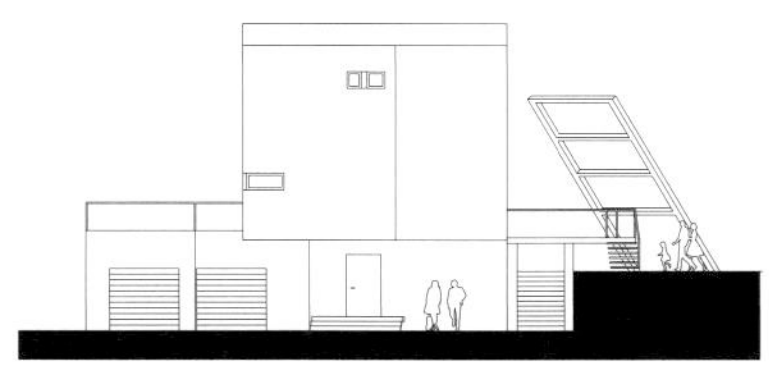

NORDWESTANSICHT

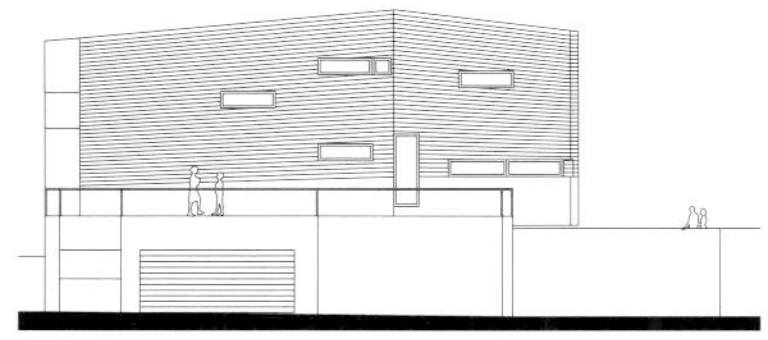

NORDOSTANSICHT

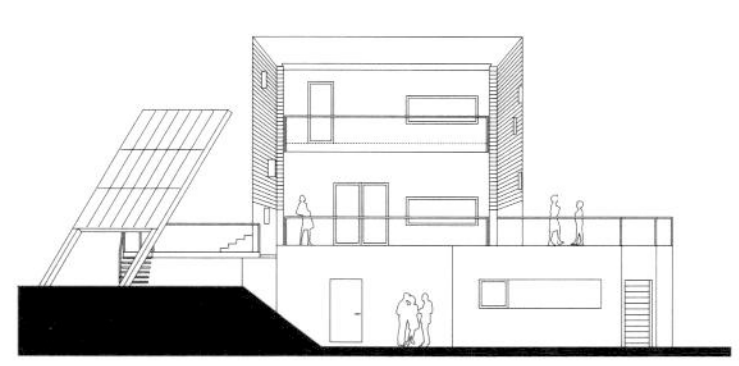

SÜDOSTANSICHT

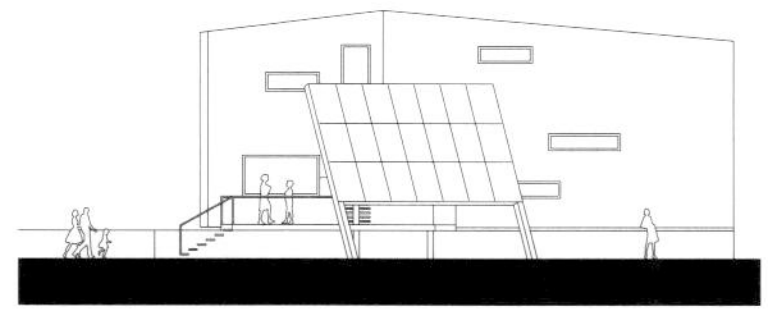

SÜDWESTANSICHT

In den Weinterrassen

Projekt: EFH Dr. Weixler
Architekt: ah3 Architekten ZT GmbH, Projektleiter: DI Karl Gruber
WNF: 173 m²
HWB: 10 kWh/(m²a) nach PHPP
Energiekonzept: Luft/Wasser-Wärmepumpe (Splitgerät), Komfortlüftung mit Wärmerückgewinnung und Erdkollektor, vollflächige Fußbodenheizung, raumluftunabhängiger Kamin
Bauweise: Holzriegelbau mit Massivholzdecken, erdberührte Bereiche Stahlbeton mit XPS-Dämmung
Keller: Doppelgarage in Hang integriert mit Schleuse zum Lift, Stützmauern als Übergang zu den Weinterrassen
Erstbezug: 2010
Standort: Schönberg / Niederösterreich

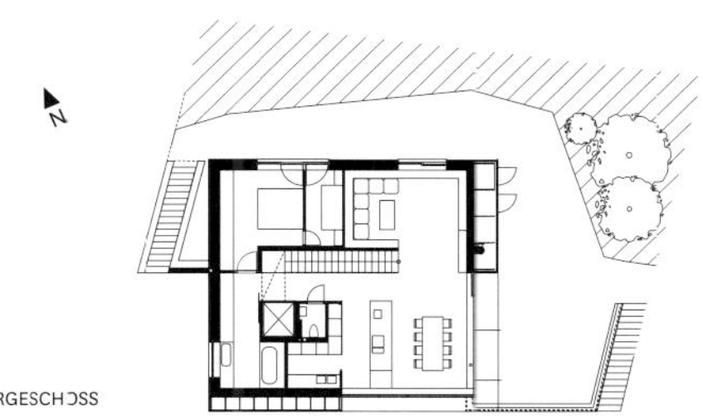

OBERGESCHOSS

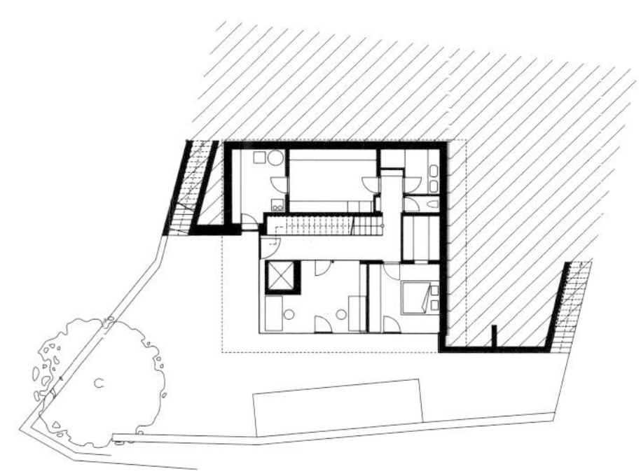

ERDGESCHOSS

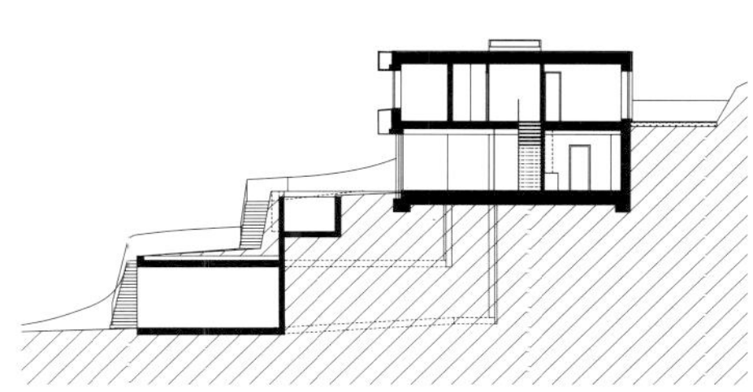

SCHNITT

Ein Haus mit Riegel und Rahmen

Projekt:	EFH
Architekt:	DI Hartwig Steinwender und DI Karin Sattlegger
WNF:	220 m², Lager-Riegel mit Windfang: 26,55 m² (außerhalb der thermischen Hülle).
HWB:	15 kWh/(m²a) nach PHPP
Energiekonzept:	Komfortlüftungsanlage mit Wärmerückgewinnung, Fotovoltaikanlage mit 1,5 kW, Regenwassernutzung für WC, Garten, Waschmaschine (6.500 l)
Bauweise:	Holzriegelbau
Keller:	nein, dafür „Lager-Riegel" angrenzend an die Garage
Erstbezug:	2006
Standort:	Land Salzburg

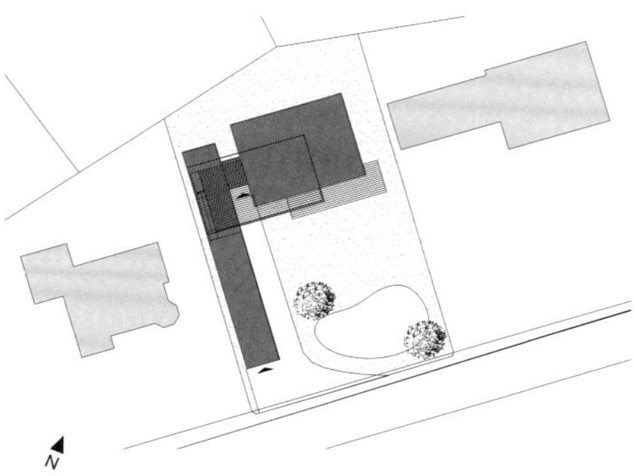

OBERGESCHOSS

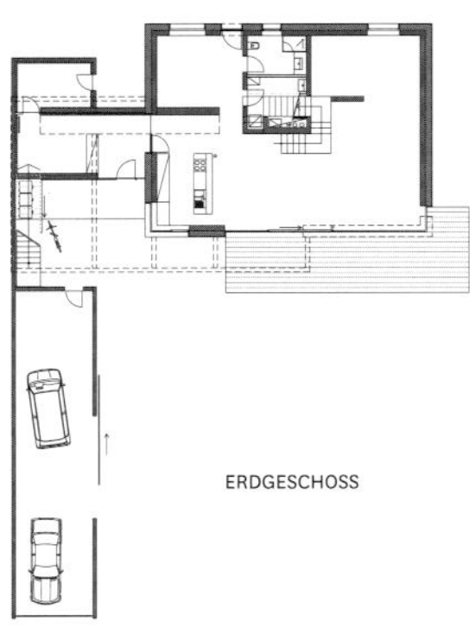

ERDGESCHOSS

Zimmer mit (Zukunfts-)Aussicht

Projekt:	Hotel Stadthalle
Architekt:	Architekturbüro DI Heinrich Trimmel;
WNF:	im PH-Neubau 38 Zimmer mit 76 Betten, im Altbau 44 Zimmer mit 88 Betten
HWB:	6,8 kWh/(m²a) nach OIB6
Energiekonzept:	Passivhaushülle im Neubau vom 1. Stock bis in das Dachgeschoss; Wasser-Wasser-Wärmepumpe zum Heizen und Kühlen Beheizung und Kühlung mittels Betonkernaktivierung auf Niedertemperaturbasis; Wohnraumlüftung mit Wärmerückgewinnung > 90 %. Frischluft wird durch die Solaranlage vorgewärmt oder durch das Brunnenwasser gekühlt. 160 m² thermische Solaranlage zur Warmwassererzeugung und Beheizung und Frischluft-Vorwärmung. Fotovoltaikanlage mit 82 m² auf dem Flachdach und an der Fassade
Bauweise:	Massivbau (Stahlbeton) mit Außen- und Innendämmung
Erstbezug:	2009
Standort:	Wien
Preise: u.a.	Umweltpreis der Stadt Wien Staatspreis Tourismus 2009 für Energieeffizientes Bauen in der Hotellerie Österreichischer Klimaschutzpreis 2010

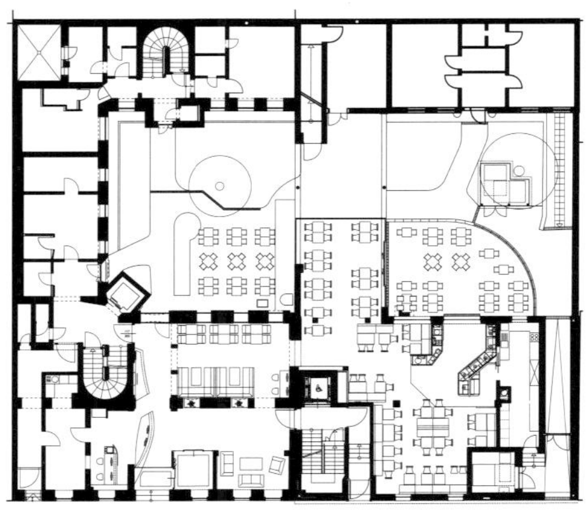

ERDGESCHOSS

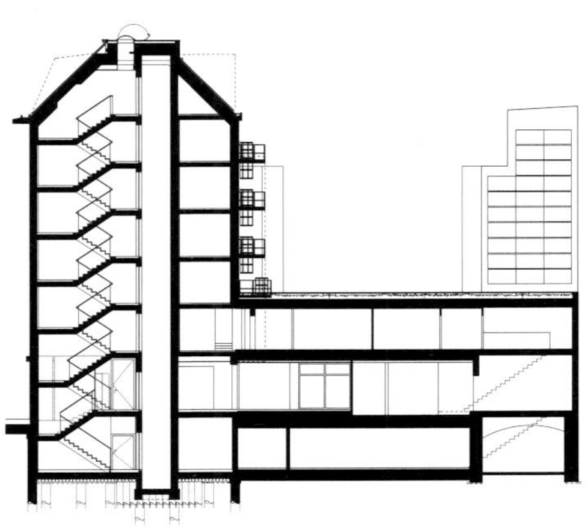

SCHNITT

Zimmer mit (Zukunfts-)Aussicht

Projekt:	Sanierung Seminarhotel Weber
Architekt:	Arch. DI Dr. Herwig Ronacher und DI Andrea Ronacher
WNF:	360 m², zusätzlich Lager ca. 40 m² (außerhalb der thermischen Hülle)
HWB:	18 kWh/(m²a) nach PHPP
Energiekonzept:	Fotovoltaik, Solarthermie, Wärmepumpe mit Tiefenbohrung, Komfortlüftung mit Wärmerückgewinnung, vollflächige Fußbodenheizung im EG, Wandheizung im 1. OG und DG.
Bauweise:	Massivbau im EG, Holzbau im 1. OG und DG
Keller:	nicht unterkellert
Erstbezug:	2011
Standort:	Hermagor / Kärnten

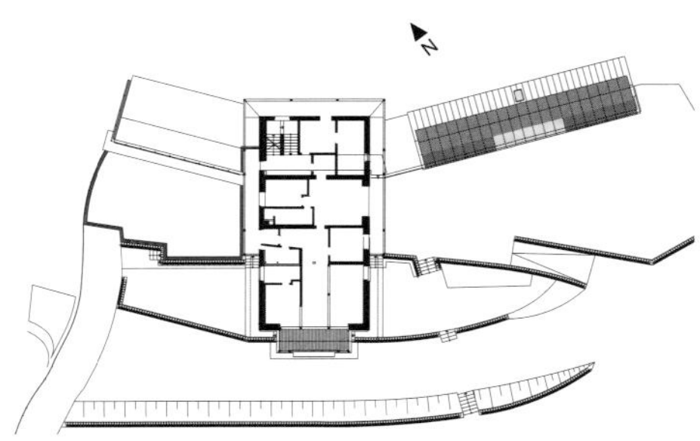

ERDGESCHOSS

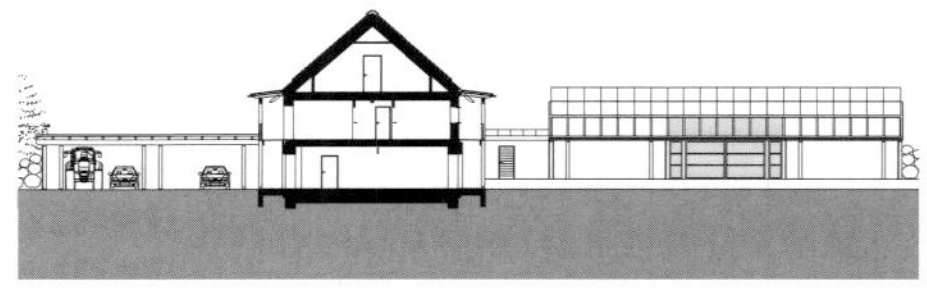

SCHNITT

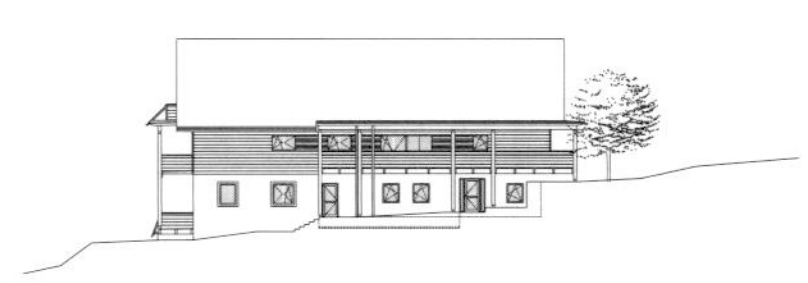

ANSICHT OST

ANSICHT SÜD

Zimmer mit (Zukunfts-)Aussicht

Projekt:	Hotel Geiger
Architekt:	Arch. DI Klaus Mathoy, MSc.
WNF:	1.144 m²
HWB:	12 kWh/(m²a) nach PHPP
Energiekonzept:	Komfortlüftung mit Wärmerückgewinnung, Hackschnitzelheizung, teilweise Fußbodenheizung, Fotovoltaik als Hybridfassade, Warmwassersolaranlage
Bauweise:	Mischbauweise
Erstbezug:	2005
Standort:	Serfaus / Tirol

Projekt:	Schutzhütte Schiestlhaus auf dem Hochschwab
Architekten:	pos architekten und Treberspurg & Partner Architekten
NF:	500 m² inkl. Sockelgeschoss (70 Betten und 160 Sitzplätze)
HWB:	12,9 kWh/(m²a) nach PHPP
Energiekonzept:	Solarthermie für Warmwasser und Heizung, Fotovoltaik für die Energieversorgung, Komfortlüftung mit Wärmerückgewinnung, Rapsöl - blockheizkraftwerk (backup)
Bauweise:	Massivbau: Sockelgeschoss Holzbau: Erdgeschoss und Obergeschoss
Keller:	keiner
Erstbezug:	2005
Standort:	Hochschwab / Steiermark
Preise:	Steirischer Holzbaupreis 2007, Österreichischer EUROSOLAR-Preis für Architektur 2005, Ford Umweltpreis Österreich 2004, Energy Globe Austria 2002

Tugendhafter Wohnbau

Projekt:	WA Lodenareal
Architekt:	Architekturbüros teamk2 und DINA4
WNF:	354 Wohneinheiten mit insgesamt 26.000 m²
HWB:	14 kWh/(m²a) nach PHPP
Energiekonzept:	thermische Solaranlage 3 m² je Wohnung am Dach, gesamt ca. 1.000 m² Pufferspeicher im UG, Heizung mittels Pellets, Verteilung in den Wohnungen mittels Zweileitersystem Komfortlüftungsanlage
Bauweise:	Betonbau mit Außenwärmedämmverbundsystem
Keller:	Kellerabteile für die Mieter, Wasch- und Trockenräume
Erstbezug:	2009
Standort:	Innsbruck / Tirol
Zertifiziert:	ja, durch das PHI

Projekt:	Betreutes Wohnen Ernsthofen
Architekt:	POPPE*PREHAL ARCHITEKTEN
WNF:	969 m²
HWB:	14 kWh/(m²a) nach OIB
Energiekonzept:	Luftwärmepumpe; Flächenheizung in den Wohnungen und Aufenthaltsraum; dezentrale Warmwasserbereitung je Wohneinheit mittels Boiler und Untertischspeicher; Lüftungsanlage mit Wärmerückgewinnung.
Bauweise:	Ziegelbau
Keller:	240 m²
Erstbezug:	2009
Standort:	Ernsthofen / Niederösterreich

Projekt:	MFH in Krumbach Dorf 9 und Dorf 11
Architekt:	Arch. DI Hermann Kaufmann ZT GmbH
WNF:	Dorf 9: 754 m² mit 9 WE, Dorf 11: 609 m² mit 8 WE
HWB:	Dorf 9: 13 kWh/(m²a) nach PHPP, Dorf 11: 10 kWh/(m²a) nach PHPP
Energiekonzept:	Komfortlüftung mit Wärmerückgewinnung, thermische Solaranlage, Biomassenahwärmeanschluss, Fotovoltaikanlage
Bauweise:	Skelett-Holzbau
Keller:	Kellergeschoss Dorf 9 und Dorf 11 (private Kellerabteile, Haustechnikraum, Müllraum, Fahrradraum, Tiefgaragenabstellplätze)
Erstbezug:	2010
Standort:	Krumbach / Vorarlberg

Projekt:	MFH Studentenheim Moserhofgasse Graz
Architekt:	Arch. DI Erwin Kaltenegger
WNF:	2.327 m²
HWB:	12,4 kWh/(m²a) nach PHPP
Energiekonzept:	Fotovoltaik, therm. Solarkollektoren, Luwärmetauscher, Komfortlüftung mit Wärmerückgewinnung, Niedertemperatur-Radiatorenheizung
Bauweise:	Mantelbeton
Keller:	69 m² Technikräume innerhalb der thermischen Hülle
Erstbezug:	2010
Standort:	Graz / Steiermark

Folgende Organisationen haben die Realisation
dieses Buches unterstützt (in alphabetischer Reihenfolge):

Drexel & Weiss Haustechniksysteme GmbH, www.drexel-weiss.at
Holzcluster Steiermark GmbH, www.holzcluster-steiermark.at
IG Passivhaus Kärnten, www.igpassivhaus.at/ktn
IG Passivhaus Ost, www.igpassivhaus.at/ost
IG Passivhaus Salzburg, www.igpassivhaus.at/sbg
IG Passivhaus Steiermark – Burgenland, www.igpassivhaus.at/stb
Perl GmbH Gleisdorf, www.perl.co.at
Schiedel Kaminsysteme GmbH, www.schiedel.at
Standortagentur Tirol, www.standort-tirol.at
Steinbacher Dämmstoff GmbH, www.steinbacher.at
STO Ges.m.b.H, www.sto.at
ETZ AT-HU Projekt Energie Strategie Pannonien, www.espan.at

Bibliografische Information der Deutschen Nationalbibliothek
Die Deutsche Nationalbibliothek verzeichnet diese Publikation in der Deutschen Nationalbibliografie;
detaillierte bibliografische Daten sind im Internet über http://dnb.d-nb.de abrufbar.

1. Auflage

Text: Barbara Sternthal
Fotografie: Harald Eisenberger,
mit Ausnahme von: S. 171: © Foto Venier Serfaus, S. 174: © Treberspurg&Partner, S. 175: © DI Wilhelm Hofbauer,
S. 179, 180: © Neue Heimat Tirol, S. 181: © Walter Ebenhofer
Planskizzen: Copyright © by Architekten (siehe Anhang)
Lektorat: Gerlinde Hinterhölzl
Koordination: Bernhard Schwarze und Herwig Hengsberger, IG Passivhaus Steiermark – Burgenland
Grafische Gestaltung: Stefan Fuhrer, Fuhrer Visuelle Gestaltung, Wien
Druck: Grasl Druck und Neue Medien, Bad Vöslau
Schrift: National
Papier: Hello fat mat

Besonderen Dank an die Architekten und Planer, die bei uns die Projekte eingereicht hatten, und an
die Hausbewohner, die uns einen Einblick in ihre Häuser gewährten, sowie an die Unternehmen,
die die Realisation dieses Bildbandes unterstützt haben.

ISBN 978-3-85033-536-2

Christian Brandstätter Verlag
GmbH & Co KG
A-1080 Wien, Wickenburggasse 26
Telefon (+43-1) 512 15 43-0
Telefax (+43-1) 512 15 43-231
E-Mail: info@cbv.at
www.cbv.at

Designed and printed in Austria

MIX
Papier aus verantwortungsvollen Quellen
FSC www.fsc.org FSC® C011912

CLIMATEAUSTRIA
Klimaneutral gedruckt